复旦大学新闻学院与上海市委宣传部共建“有中国特色社会主义新闻学教学与研究基地”复旦大学马克思主义新闻观教学与研究基地学术成果



# 马克思主义新闻观读本

马克思主义新闻观教学团队　编写
童　兵　主编

復旦大學出版社

# 目　录

## 中编　马克思主义新闻观内容要义

# 前　言

马克思主义是马克思主义经典作家观点和学说的体系，是无产阶级及其政党的十分严整而彻底的世界观，是无产阶级解放运动的理论，是无产阶级根本利益的科学表现。马克思主义新闻学是马克思主义重要内容之一，是经典作家关于新闻传播活动、新闻传播生产及流通规律的观点与学说体系。马克思主义新闻观是其中的观点体系，是马克思主义经典作家（从马克思恩格斯到习近平）关于新闻传播活动，新闻信息生产、流通、消费及其规律的观点体系。

编写《马克思主义新闻观读本》的使命是，分析和阐述马克思主义新闻观形成发展的时代条件、哲学基础及经典作家的新闻实践工作经验；系统梳理和评介马克思主义新闻观的内容要义，从坚持党性和人民性的一致、新闻和宣传必须完全真实、舆论引导和舆论监督、社会效益与经济效益、群众路线与调查研究、新闻自由与宣传纪律六个方面展开；分析当前学习和践行马克思主义新闻观的重要性和迫切性，努力实现马克思主义新闻观的中国化、时代化、大众化的意义及其实现途径。

我们预设使用《马克思主义新闻观读本》的读者大致有三类。第一类是全国传统媒体和新兴媒体的新闻宣传舆论工作部门的从业人员。他们在中国特色社会主义新闻出版宣传舆论战线工作，必须对马克思主义新闻观有全面和深入的了解把握,这是他们的立身之本,是完成本职工作必须把握的指导原则。第二类是在高校新闻传播专业学习的年轻学子。这些数以几十万计的新闻出版宣传舆论部门的准记者和准编辑,上岗之前除学习掌握新闻传播基本原理、业务知识和传播技能外,还应该下很大工夫深入地学习和牢牢地掌握马克思主义新闻观,把自己的头脑武装好。第三类是各级党政机关领导干部和这些部门下属的从事新闻、宣传、公关工作的从业人员。《马克思主义新闻观读本》可以作为他们学习和培育媒介素养的重要教材。我们希望这部《马克思主义新闻观读本》能够不辱使命,为上述三类读者所需要和喜欢。

上海市委宣传部和复旦大学携手共建复旦大学新闻学院已经走过了十五个年头。2015 年召开的共建院务委员会提出,要把复旦大学新闻学院建设成为国家级的马克思主义新闻观教学、科研和培训基地。《马克思主义新闻观读本》是在院务委员会的要求和指导下编撰出版的。编写组期待继续得到院务委员会的指导、支持和帮助,不断地修改和补充,使《马克思主义新闻观读本》的水准不断得到提升。

《马克思主义新闻观读本》的编撰者都是国家级精品课(拓展版)"马克思主义新闻思想"的团队成员。复旦大学校内的课堂上,该课使用的是多达近 44 万字的教材《马克思主义新闻经典教程》(童兵著,复旦大学出版社 2011 年第 2 版)。根据共建院务委员会的要求,《马克思主义新闻观读本》要联系实际、内容简洁、文字简短、篇幅短小。编撰人员浓缩呈现跨度超过 180 年的经典作家们的重要新闻观点,透彻分析国内外舆论环境下新闻业界、新闻学界错综复杂的各种问题,精彩阐述中外复杂多元的学术纷争和变化演革中的方针政策。他们尽了努力、下了工夫,边学习、边讨论、边写作、边修改。现在摆在各位读者面前的这部总计十章、字数近12万字的《马克思主义新闻观读本》，等待着你们的评议、批评和指正。我们本着在使用中修改、在修改中提高的态度，同大家一起，努力使《马克思主义新闻观读本》不断提高、日臻完备。

正当本书即将付梓的时候，传来了习近平总书记走访人民日报社、新华社和中央电视台，并主持党的新闻舆论工作座谈会、发表重要讲话的消息。这让我们全体编撰人员备受鼓舞，并深切感到肩负责任的重大。习近平说，党的新闻舆论工作是党的一项重要工作，是治国理政、安国安邦的大事，要适应国内外形势发展，从党的工作全局出发把握定位，坚持党的领导，坚持正确政治方向，坚持以人民为中心的工作导向，尊重新闻传播规律，创新方法手段，切实提高党的新闻舆论传播力、引导力、影响力、公信力。学习习近平的这些论述之后，我们深感编撰本读本，不仅使命光荣，而且要求极高。习近平指出，新闻观是新闻舆论工作的灵魂。他要求深入开展马克思主义新闻观教育，引导广大新闻舆论工作者做党的政策主张的传播者、时代风云的记录者、社会进步的推动者、公平正义的守望者。这些指示激励和鞭策我们又将读本文稿认真地修改一遍。但我们的学习刚刚开始，也希望得到读者诸公的批评帮助。谢谢各位。

# 上　编

## 马克思主义新闻观创立的时代背景和哲学基础

一个民族想要站在科学的最高峰，就一刻也不能没有理论思维。

——恩格斯

我们的干部要上进，我们的党要上进，我们的国家要上进，我们的民族要上进，就必须大兴学习之风，坚持学习、学习、再学习，坚持实践、实践、再实践。

——习近平

他们共同的朋友和战友威廉・李卜克内西对此写道:"在伦敦,在这个首要的大都市,全世界的中心,世界商业的中心,在这个世界的瞭望塔上马克思可以找到完成他的著作正在搜集和需要的基本素材。从这里可以纵观整个世界的商业、世界的政治和经济动态,这在地球上任何别的地方是办不到的。"①

列宁的一生经历了两个时代,生活在两个世纪的交错点上。他经历过沙皇专制制度下的黑暗生活,又领导俄国人民迎来了社会主义的新曙光。19世纪中期之后,废除了农奴制的沙皇俄国在原先落后的经济政治基础上,资本主义生产力有了较快的发展。俄国工人阶级在经济、政治双重压迫下,罢工斗争此起彼伏。在工人运动推动下,一批民粹主义者转变立场,成为马克思主义者。列宁通过参加马克思主义小组活动,阅读马克思和恩格斯等人的著作,参加农村考察和调查工人生活状况,从较高的起点上,以办工人报刊开始,走上党的报刊工作岗位。他在同各种机会主义、修正主义派别的斗争中,提出党的报刊工作的党性原则。列宁先是率领全党克服经济派的影响,确立以开展政治斗争、夺取政权和实现无产阶级专政为俄国无产阶级革命的政治目标。他接着又克服地方主义和小团体派别的阻力,以建立和建设全国统一的无产阶级政党为组织目标。这其中,列宁明确地提出,以创办全国性政治报刊为建党的纲领和核心,把党的报刊的创办和坚持的重要性和必要性提到极高的地位,极大地深化和发展了马克思和恩格斯关于党的机关报的思想。在七年社会主义建设的实践中,列宁又提出党和苏维埃报刊是经济建设工具等新的观点。建设时期的列宁的新闻观点,是马克思和恩格斯这两位没能经历过社会主义建设实

① 中共中央编译局:《我景仰的人》,人民出版社1982年第1版,第22—23页。

践的人不可能思考和论述的。列宁提出，在从破坏旧社会向建设新社会的伟大过渡中，政治还是要谈的，一个阶级如果不从政治上处理问题，就不能维护它的统治，因而也就不能解决它的生产任务。但是，我们当前要谈的政治，党和苏维埃报刊要谈的政治，要花篇幅讨论的政治，主要是经济方面的政治、国家建设的政治以及有的时候不得不分出精力来加以讨论的党内斗争的政治，工会斗争的政治。至于那些大家都很了解、常见的、众所周知的、群众已很熟悉的政治，列宁认为谈论这些是需要的，指出这方面的每一件新事实也是必要的，但占的篇幅不要太多，不要重复，只需用几行字就够了。因为这种政治已经完全明朗化了，可以谈得十分简短。这些思想和见解，为近百年来各国社会主义建设的无数实践所证实，是非常英明、十分宝贵的。在新的政治经济条件下，列宁继承和发展了马克思和恩格斯奠定的马克思主义新闻观。

中国共产党是继苏联共产党之后，在世界的东方对马克思主义新闻观发展作出伟大贡献的工人阶级政党。中国共产党在领导中国新闻传播实践九十余年中，在许多方面把马克思主义新闻观推向新的发展。党的领导集体的卓越代表毛泽东、邓小平、江泽民、胡锦涛、习近平在长期的领导新闻工作与自己从事新闻传播活动的实践中，都为此作出了贡献。其中最为突出的是毛泽东同志。

毛泽东新闻观的形成与发展，同中国社会的经济政治基础是不可分的。出于对1949年以前中国社会经济和政治状态的全面分析，毛泽东指出，包括新闻观念在内的中国文化，在当时含有多种成分。他说："一定的文化是一定社会的政治和经济在观念形态上的反映。"在当时的中国，有帝国主义文化，这是反映帝国主义在政治上经济上统治或半统治中国的东西；还有半封建文化，这是反映半封建政治和半封建经济的东西；还有新文化，即在观念形态上反映新政治和新经济的东西。对于这种新文化，毛泽东分析说："在'五四'以前，中国的新文化，是旧民主主义性质的文化，属于世界资产阶级的资本主义的文化革命的一部分。在'五四'以后，中国的新文化，却是新民主主义性质的文化，属于世界无产阶级的社会主义的文化的一部分。"在这种分析的基础上，毛泽东得出这样的结论："所谓新民主主义的文化，就是人民大众反帝反封建的文化；在今日，就是抗日统一战线的文化。这种文化，只能由无产阶级的文化思想即共产主义思想去领导，任何别的阶级的文化思想都是不能领导的。所谓新民主主义的文化，一句话，就是无产阶级领导的人民大众的反帝反封建的文化。"①

毛泽东的这一分析，清楚地说明了中国共产党和他本人的新闻观得以产生的当时中国的社会经济与政治条件。1949 年 10 月 1 日中华人民共和国成立后，中国大陆的经济、政治状况发生了翻天覆地的变化。毛泽东指出："从现在起，开始了由城市到乡村并由城市领导乡村的时期。党的工作重心由乡村移到了城市。""我们的同志必须用极大的努力去学习生产的技术和管理生产的方法，必须去学习同生产有密切联系的商业工作、银行工作和其他工作。……城市中其他的工作，例如党的组织工作、政权机关的工作、工会的工作、其他各种民众团体的工作、文化教育方面的工作、肃反工作、通讯社报纸广播电台的工作，都是围绕着生产建设这一个中心工作并为这个中心工作服务的。"②根据中国变化了的经济和政治环境，中国共产党的新闻观和毛泽东的新闻观又有了新的

① 毛泽东：《新民主主义论》，《毛泽东选集》第 2 卷，人民出版社 1991 年第 2 版，第 694、698 页。

② 毛泽东：《在中国共产党第七届中央委员会第二次全体会议上的报告》，《毛泽东选集》第 4 卷，人民出版社 1991 年第 2 版，第 1427—1428 页。

发展和新的内容。

同样，邓小平等人的新闻观，以及党中央对于新闻工作的主要观点，也都同1978年以后改革开放的大局以及同当时的政治经济因素相关，成为邓小平等人新闻观形成发展的条件和动因。特别是党的十八大以后，习近平一系列新闻观的提出，更是同“中国梦”宏观构想的提出，同依法治国、依法执政方针的强化，同发展“一路一带”经济新格局的确立紧密相关。

以上的简要分析表明，马克思主义新闻观的形成、发展和完善，是一定时期的社会经济政治格局和发展水平的产物。学习和领会马克思主义新闻观，应该对不同历史时期的社会经济和政治发展状况有全面的了解和正确的把握。

## 二、经典作家新闻观的形成同他们的文化教育背景和家庭影响密切相关

马克思和恩格斯能够成为马克思主义新闻观的奠基人，除了时代为他们提供的经济政治动因外，还依赖于他们刻苦地钻研人类创造的全部知识，具备全面合理的知识结构。列宁讲到马克思之所以能够成为马克思主义者时写道：“凡是人类社会所创造的一切，他都有批判地重新加以探讨，任何一点也没有忽略过去。凡是人类思想所建树的一切，他都放在工人运动中检验过，重新加以探讨，加以批判，从而得出了那些被资产阶级的狭隘性所限制或被资产阶级偏见束缚住的人不能得出的结论。……共产主义是从人类知识的总和中产生出来的，马克思主义就是这方面的典范。”①

马克思和恩格斯的新闻观，也是通过对人类创造的精神遗产

① 《列宁选集》第4卷，人民出版社1995年第3版，第284—285、284页。

的批判、继承和创新而形成的。就新闻观而言，他们研究和吸收了空想社会主义、法国启蒙思想、德国古典哲学以及他们同时代的思想家、政治家及报刊活动家的理论的合理部分，对它们进行改造和加工，得出了科学社会主义的结论，并以此为基础形成了马克思主义新闻观。

良好的家庭和学校教育，对马克思和恩格斯的思想，包括对他们新闻观的形成，有着重要的不可或缺的作用。马克思的父亲是个开明的自由派律师，学识渊博，深受启蒙思想影响。老马克思对伏尔泰和卢梭有很高评价，对牛顿、莱布尼茨和洛克怀有深深的敬意，十分熟悉康德和莱辛的思想。这些，通过他的言传身教，也都对马克思有一定的影响。中学校长、大学教授，甚至岳父都对马克思有过教诲。传记作者写道："当他的父亲给他念伏尔泰和拉辛的著作时，威斯特华伦（马克思的岳父）却给他念荷马和莎士比亚。"①

恩格斯的母亲使儿子从小在为人、文学和音乐方面得到全面的培育。恩格斯的外祖父作为一位中学校长和语言学家，给自己的外孙传授了不少语言、文学和历史方面的知识。在中学里，恩格斯刻苦好学，潜心进取，不仅各门功课成绩优异，还利用业余时间阅读了大量的文学作品、历史读物和科学书籍，并掌握了拉丁文、希腊文和法文。他还从几位思想开明和富有创新精神的教师那里，获知不少启蒙思想家的主张和学说。这些知识和能力，为恩格斯以后通过自学探索更多的知识领域打下了基础。

马克思和恩格斯就是这样为自己新闻观的形成夯实了厚实的文化沃土。赫斯谈到青年马克思时这样说："他可以说是我所崇拜的偶像——还是一个十分年轻的人（至多不过 24 岁左右）。他将给

① 中共中央编译局：《摩尔和将军》，人民出版社 1982 年第 1 版，第 146 页。

中世纪的宗教和政治以致命的打击。他既有深思熟虑、冷静、严肃的态度,又有最敏感的机智。设想一下,如果把卢梭、伏尔泰、霍尔巴赫、拉辛、海涅和黑格尔结合为一人——我说的是结合,不是凑合——那么结果就是一个马克思博士。"[①]赫斯的这段话用于恩格斯,也是完全适用的。

同马克思和恩格斯一样,列宁从青少年时代起,就如饥似渴地吸收各种各样的知识。他阅读一本又一本车尔尼雪夫斯基、别林斯基、赫尔岑、皮萨列夫、杜勃罗留波夫等思想家和学者的作品。作为马克思和恩格斯事业的继承人,列宁十分刻苦地学习马克思和恩格斯的著作。据统计,在《列宁全集》(俄文第4版)中,列宁引用的马克思和恩格斯的著作就有250多篇(部),还引用他们的书信172封。在列宁的著作中,有100多次提到《共产党宣言》,300多次提到《资本论》。

毛泽东新闻观形成的一个重要动因是:中国传统文化的经久影响。他在青少年时代就广泛阅读各种书籍。从孔孟儒学、宋明理学到王船山、颜习斋,从康有为、梁启超、谭嗣同、严复到孙中山,从赫胥黎、斯宾塞的进化论、康德的二元论和18、19世纪欧洲的民主主义、空想社会主义到托尔斯泰主义,他都如饥似渴地拿来阅读,做了深浅不同的研究。在毛泽东长期的藏书中,除马、恩、列、斯和鲁迅的全集以外,一些著名的类书和丛书,如《永乐大典》《四库全书》等,占有重要地位。

湖南这一方洋溢着湘学士风的土地,给毛泽东极大的影响。毛泽东青少年时代到长沙求学,研读曾国藩等人的事功思想,又深受业师杨昌济影响,思想上有很大变化。

---

① 格姆科夫等:《马克思传》,三联书店1978年第1版,第24—25页。

十月革命给中国送来了马克思主义。1919年"五四"运动爆发的时候，毛泽东正在北京大学图书馆工作。在这里，他同马克思主义先驱者李大钊接触，阅读《新青年》刊登的宣传马克思主义的文章，使他思想有了进一步变化。在阅读马、恩、列、斯的文章中，毛泽东受列宁的影响更多一些。列宁关于建党工作的观点和关于报刊党性的论述，对毛泽东新闻观的形成具有决定性的作用。

毛泽东正是在刻苦攻读马列著作，掌握了先人的伟大思想和祖国传统文化的基础上，又结合中国革命的实际和新闻工作的实践，形成和发展了自己的新闻观。

从邓小平到习近平等领导人，也同毛泽东一样，具有深厚的中国传统文化修养的底子，对自然科学和社会科学知识有广泛的把握，为他们新闻观的形成和发展奠定了很好的基础。

## 三、长期新闻实践经验的理论总结

长期丰富的新闻工作实践经验，是马克思主义经典作家新闻观形成的又一个重要条件。

马克思和恩格斯是无愧于"报刊活动家"称号的，他们一生都没有离开过报刊工作。恩格斯在马克思的葬礼上说："斗争是他得心应手的事情。而他进行斗争的热烈、顽强和卓有成效，是很少见的。最早的《莱茵报》(1842年)，巴黎的《前进报》(1844年)，《德意志—布鲁塞尔报》(1847年)，《新莱茵报》(1848—1849年)，《纽约每日论坛报》(1852—1861年)……"①直至马克思逝世前夕，他还关注着祖国的党报《社会民主党人报》。

恩格斯的名字也是同一连串报刊紧紧连在一起的。他是《新

① 《马克思恩格斯全集》第25卷，人民出版社2004年第2版，第597页。

莱茵报》《新莱茵报·政治经济评论》的编辑，是《德意志电讯》《知识界晨报》等报刊的撰稿人，是《莱茵报》《北极星报》的通讯员，是《德意志—布鲁塞尔报》《雅典娜神殿》等报刊的记者，是《派尔—麦尔新闻》《军事总汇报》等报刊的专栏作家，是世界各国社会主义报刊和党报的指导者。直到逝世前几天，他还询问奥地利《工人报》的出版情况。恩格斯在勤勤恳恳的"笔头工作"中度过了光辉的一生。

马克思和恩格斯创办、主编 4 种报刊，协助创办、参与编辑 5 种报刊，指导编辑方针和日常编务的报刊达 10 种。此外，他们还为 60 余种报刊撰稿、提供科学论文和文件，还有更多的报刊发表过他们的声明，转载过他们的文章。我们根据《马克思恩格斯全集》统计，他们共写了 1 700 篇(部)文章(著作)，其中政论、通讯和消息约 750 篇，占总数的 45%，论战性文章 262 篇，占总数 16%。《马克思恩格斯全集》收入他们写的信件 4 000 余件，这些信件中不少是谈论报刊工作和评论报刊文章的。从他们踏上新闻工作岗位直至逝世的半个世纪里，无论工作怎样繁忙，斗争怎样尖锐，生活怎样困苦，几乎每天都在写作、耕耘。

马克思和恩格斯没有可能在安定舒适、没有干扰和充分自由的社会环境从事报刊活动。他们面对专横凶恶的普鲁士政府和背信弃义的资产阶级政客，面对卑鄙无耻又凭借政权无恶不作的资产阶级报刊，特别是面对"真正的社会主义"、蒲鲁东、巴枯宁、拉萨尔和工联主义等工人运动内部的机会主义派别，在备受诽谤谩骂、传讯驱逐、四处流亡和内外攻击的环境中，在书报检查的刀斧和极其苛刻的出版条件下，以大无畏的革命胆略、不屈不挠的坚毅精神和机动灵活的斗争策略，同普鲁士政府对抗，与资产阶级周旋，和资产阶级报刊较量，与机会主义分子交锋，坚持原则，决不妥协，坚持办报，决不停笔，以卓越的工作，扶持和指导无产阶级报刊不断成长和壮大。在这种艰巨而有效的斗争中，使他们自己的新闻观不断得以坚持和拓展。

列宁是马克思和恩格斯之后，世界无产阶级又一位报刊活动大师。在各个时期的职业调查和登记表上，列宁填写自己的职业常为“著作家”“新闻记者”“政论家”。十月革命以后，第一次全俄新闻工作者代表大会选他为名誉主席。以后，按照传统的做法，每年苏联新闻工作者协会颁发的第一号记者证永远归属列宁。

列宁一生都没有脱离新闻工作。他说，他想得最多的是为工人写作，他最关注和最乐于从事的是报刊工作。他创办和编辑的报刊多达30多家。《火星报》、《前进报》、《无产者报》、《新生活报》、《真理报》、《社会民主党人报》、《曙光》杂志、《启蒙》杂志等都是列宁亲自创办或长期发表文章的主要报刊。据统计，《火星报》发表了列宁大约60篇文章，《前进报》和《无产者报》刊登了200多篇，《新生活报》《浪潮报》等报纸一共发表约140篇，《社会民主党人报》发表70多篇，1912—1914年间在《真理报》上发表280篇，1917年3—11月《真理报》又发表列宁213篇文章。

列宁不仅是党和苏维埃报刊最热心、最积极的撰稿人，他还是一系列党和苏维埃报刊的创办人和编辑。即便是在十月革命胜利、列宁成为党的领袖和国家元首以后，他日理万机，极少休息，仍领导了《贫农报》和《经济生活报》的创办和出版。他通过谈话、电话、电报、便条、信件以及自己的夫人和秘书，对这些报纸的日常宣传进行指导，为它们撰写文章和推荐文稿，并号召所有党和政府的干部，为这些报刊撰写稿件和提供各种情况与文件。

列宁还同一切反党的、反人民的、孟什维克的和社会革命党人的、资产阶级的报刊，进行不可调和的斗争。这些揭露和批判，在新的历史条件下,发展了马克思和恩格斯关于资产阶级报刊、出版自由和党的报刊的观点。

列宁不同于马克思和恩格斯的地方,在于他不仅领导俄国工人阶级取得了无产阶级革命的伟大胜利,而且能够在人类历史上第一次真正的无产阶级专政的新世界里出版真正属于人民的报刊,发挥报刊在社会主义建设中巨大的社会作用。列宁还有机会对当时的新媒体——广播传播进行最初的观察与论述,对第三国际各国的无产阶级报刊实施直接的指导。列宁不仅对所有这些新型的媒体——新世界的报刊、最初的广播和第三国际的新闻政策进行总结和分析,还运用发展了的马克思主义——列宁主义——对这些新闻传媒、新闻宣传的经验与问题进行深刻的理论探索。这令列宁在新的传播视野、新的理论高度上把马克思主义新闻观大大地向前推进了。

同列宁相似,毛泽东从早期研读报刊开始,到后来成为卓越的报刊活动家,积累了极其丰富的经验,发表了大量的报刊工作论著。

早在少年时代,毛泽东就迷恋于阅读资产阶级改良派的报刊,其中受梁启超主编的《新民丛报》影响颇深,作文尽习梁启超的文体。他的老师说,毛泽东的文章尽是"报馆味"。可见,梁启超主张的报刊思想,以及他所倡导的"纵笔所至,略不检束""务为平易畅达,时杂以俚语、韵语及外国语法""条理明晰,笔锋常带感情"为特点的报章文体,对毛泽东的影响多么深刻。

不久,毛泽东又为资产阶级革命派的报刊活动所吸引,使他进一步体验到报刊巨大的社会功能。毛泽东指出,报刊不仅是人人要看的东西,是"秀才不出门,全知天下事"的好办法,而且是洗涤国民之旧思想、开发国民之新思想最好的工具。在新文化运动的召唤下，他弃康梁、迎新潮，开始以报刊为武器从事唤醒国民、鼓吹新思想的斗争。

毛泽东于1919年创办《湘江评论》并自任主笔，继而接编《新湖南》。该刊被封后，又在长沙《大公报》上发表文章。在驱逐军阀张敬尧的斗争中，他再赴北京，以新民学会代表身份组织平民通讯社，身任社长，竟日编印，还在驱张刊物《天问》上撰文。建党初期，毛泽东先在长沙创办湖南自修大学的校刊《新时代》，为党的刊物《向导》撰稿，继而以国民党中央候补执行委员、代理宣传部长身份担任《政治周报》主编。后来，在《红色中华》《斗争》《红星报》等报刊上发表文章。抗日战争和解放战争时期，毛泽东领导《共产党人》《中国工人》《八路军军政杂志》《解放日报》等报刊的创办和出版，为它们撰写发刊词，拟定出版方针，指导新华社（及当时新华社下属的广播电台）的日常编辑和播发新闻的工作。

据不完全统计，在整个新民主主义革命时期，毛泽东就新闻与宣传工作所发表的论述、指示、谈话，仅收入《毛泽东选集》1—4卷的，就有120多篇。在抗日战争和解放战争时期，他为新华社撰写和修改的新闻稿与评论文章，超过200篇，其中以新华社社论、评论形式收入《毛泽东选集》3、4两卷的共18篇。

新中国建立以后，毛泽东继续以许多精力指导报纸、通讯社、电台和电视台工作，仅收入《毛泽东新闻工作文选》的有关新闻工作的论述，就有20余篇。他本人在日理万机之际，还常常撰写新闻稿件和评论，同时还为新闻传媒修改和审定了大量重要的新闻文稿。

比马、恩、列、斯幸运，毛泽东1918年和1949年在北京大学图书馆工作时，曾经参加北京大学新闻学研究会，系统地学习徐宝璜主讲的新闻学基本理论和邵飘萍主讲的新闻采编业务知识，这使他得以有机会全面了解新闻学的理论与实务，日后在同党的新闻实践的比较和研究中逐渐形成自己的新闻观。

毛泽东的一生都以极大的兴趣和精力投身新闻工作，长期积累起来的新闻工作经验，为他自己新闻观的形成、推动马克思主义新闻观在中国的传播与发展，提供了肥沃的土壤。

作为毛泽东的战友和伟大的马克思主义者，刘少奇和周恩来也在自己分管新闻工作的范围内，对党和政府领导的新闻传媒的性质、特点、方法等提出了一些卓越的见解，补充和丰富了毛泽东新闻观。这些理论成果，是毛泽东和中国共产党人对马克思主义新闻观的新发展。

党的十一届三中全会提出并决定改革开放方针后，邓小平及之后的几届领导人高度重视新闻舆论工作，就新闻舆论工作提出了一系列重要论述，对新闻、宣传、舆论传播规律有许多新的马克思主义的阐述。党的十八大以来，习近平总书记的一系列重要讲话深刻阐述了新形势下党和国家新闻事业发展的重大理论和现实问题，其中关于新闻宣传舆论方面和新兴媒体新特点、新功能方面的论述，有新意、有创见，是中国共产党人在新闻传播新技术语境下对马克思主义新闻观的新发展。

以上三个方面，不同国家、不同历史时期的经济政治背景，文化教育和家庭教育影响，长期新闻传播实践经验的理论总结，是马克思主义经典作家形成和发展马克思主义新闻观不可缺少的时代条件和物质基础。我们在学习和把握马克思主义新闻观之前，对这些背景与条件，应该有一个全面和深刻的了解分析。

# 第二章　马克思主义新闻观的哲学基础

哲学的根本问题是思维和存在、精神和物质的关系问题。人们对自然界和人类社会的许多问题的基本认识，都以一定的哲学理念为依据和出发点。马克思主义新闻观也不例外，它以马克思主义哲学作为自己的认识工具和方法论原则。

马克思主义经典作家分析一切社会现象的基本方法，是从社会生活的各种领域中划分出经济领域来，从一切社会关系中划分出生产关系来，并把生产关系当作决定其余一切关系基本的原始的关系。马克思主义经典作家从这一基本的社会结构框架出发，考察新闻传播事业在社会生活中所扮演的角色，发现新闻传媒的特征和功能，认识新闻传媒生产、发展及演进的规律，论证新闻信息和媒介意见的社会作用。

马克思主义新闻观以辩证唯物主义和历史唯物主义作为自己的哲学基础，在长期的新闻传播实践中检验和强化自己的真理性，克服片面性，不断地走向完善和深化，从而显示出无穷的生命力和巨大的战斗力。

下面，我们从五个方面简略分析马克思主义新闻观的哲学基础。

## 一、从事物联系的普遍性考察人类社会交往的必要性

马克思主义哲学指出，宇宙是各种事物相互间普遍联系的总

体。人类社会是由人类个体构成的有机整体，各个个体的相互联系和相互交往是人类社会得以存在和发展的最重要的前提。人类首先离不开在物质生产基础上的交往活动。人类社会作为一种物质存在物，必须以空间上诸多个体的共同活动和时间上诸多个体的连续活动为条件，这种社会个体的活动的互动性和连续性，正是事物有机联系的普遍性和客观性的反映。所以马克思说，“社会——不管其形式如何——究竟是什么呢？是人们相互作用的产物”①。

人类就是在这种物质关系中进行着各种交往活动，其中包括极为重要的精神交往。人类个体间的精神交往是相对较为远离生产劳动过程的交往形式，它在很大程度上超越了直接的生产过程和经济利益关系，但它始终不会脱离物质活动和经济利益。马克思和恩格斯指出，“思想、观念、意识的生产最初是直接与人们的物质活动，与人们的物质交往，与现实生活的语言交织在一起的。观念、思维、人们的精神交往在这里还是人们物质关系的直接产物”②。

随着人类社会的进步和生产力的发展，特别是物质利益同精神生产分离后，人们的精神交往具有了独立的形式和自身的特点，并对物质生产的方式产生一定的反作用。这正是客观世界中各种事物交互运动复杂多变特性的反映。所以马克思指出，精神活动呈现在人们眼前的，是一幅由种种联系和相互作用无穷无尽地交织起来的画面，但即便是在这种情况下，精神交往仍然不可能摆脱物质生产和物质利益。马克思强调了这样一条马克思主义基本原

① 《马克思恩格斯选集》第4卷，人民出版社1995年第2版，第532页。
② 《马克思恩格斯全集》第3卷，人民出版社1960年第1版，第29页。

理:“物质生产的生产方式制约着整个社会生活、政治生活和精神生活的过程。不是人们的意识决定人们的存在,相反,是人们的社会存在决定人们的意识。”①

马克思主义经典作家不仅重视人们进行精神交往的必要性,而且强调要为人们实现自由的精神交往提供各种保障。马克思和恩格斯提出,“既然人的性格是由环境造成的,那就必须使环境成为合乎人性的环境。既然人天生就是社会的生物,那他就只有在社会中才能发展自己的真正的天性,而对于他的天性的力量的判断,也不应当以单个个人的力量为准绳,而应当以整个社会的力量为准绳”②。马克思还专门谈到思想自由对于精神交往的意义。他说,“只有在人们思维着,并且对可感觉的细节和偶然性具有这种抽象能力的情况下,才可能有人与人之间的社会关系”③。

马克思主义经典作家不仅重视社会制度对于保障言论出版自由的重要意义,而且十分强调传播技术对交往活动的巨大作用。马克思和恩格斯指出,工人“斗争的真正成就并不是直接取得的成功,而是工人的越来越扩大的联合。这种联合由于大工业所造成的日益发达的交通工具而得到发展……中世纪的市民靠乡间小道需要几百年才能达到的联合,现代的无产者利用铁路只要几年就可以达到了”④。

总之,事物联系的普遍性决定了人与人之间精神交往的必要性。正是人们的精神交往,激活了社会新闻信息的流动。捍卫新闻信息传受的自由权利,成为争取普遍人权的早期目标。为维护

---

① 《马克思恩格斯选集》第2卷,人民出版社2012年第3版,第2页。
② 《马克思恩格斯全集》第2卷,人民出版社1957年第1版,第167页。
③ 《马克思恩格斯全集》第47卷,人民出版社1979年第1版,第255页。
④ 《马克思恩格斯选集》第1卷,人民出版社1972年第1版,第248页。

和发展人们交往的权利和条件，不仅要建立方便交往的制度，而且要为保障和优化交往活动不断地发展传播技术。

事物之间联系的普遍性这样一个基本的马克思主义哲学原理，对新闻传播活动和党及国家新闻政策的制定，对当前正在全面深入进行的政治体制改革和新闻改革，应该有很大的启迪和有力的引领作用。

其一，各级党委、政府和广大干部，各类新闻传媒及其主管部门，要充分尊重和敬畏包括知情权、表达权、参政权、监督权在内的基本人权，要为不断扩大和完善“四权”，深入地、无畏地去改革政治体制和新闻传播体制。世界大事、国家大事、地方大事必须有法制和政策保障，充分地让人民群众知晓。国家和政府的重大决定，也同样要在法制和政策的保护下，经人民群众充分讨论和最后定夺。只有这样，全国上下、大江南北、各行各业、干部群众才能真正实现上情下达、下情上达、上下互达。

其二，要对新中国建立以来制定颁布（或内部实行）的妨碍人们之间沟通交流的政策、规定、法规进行比较彻底的清理和废止。对于国家机密、政党机密和其他机密的立法及相关规定，要根据当前全球形势、全国形势的新变化，对照世界多数国家的新发展，进行必要的修订，争取在一个不太长的时间里，同国际多数国家的相关规定和做法接轨。要抓紧做好相关规定的修订，尽早批准实施国际人权公约有关公民政治权利和民主权利的条约。

其三，要在发展经济、增加国民收入的同时，尽快尽多地减少公民用于沟通交往的成本，减少资讯消费收费，进一步扩大收视收听公共传播的群体和地区，切实加快传统媒体与新兴媒体融合的步伐，切实提升媒体融合的效果，切实保障广大人民群众享受到改革开放和新闻改革的实惠和好处。凡是同扩大民众沟通交流相关的电子产业、电信产业、传媒产业,必须坚定不移地把社会效益放在第一位,国家和政府应该为此不断地加大必要的投入。

以上三项工作切实做到、做好了,相信中国人民的相互联系、沟通、交流必定会有根本的改观,并提升到一个新的水平。

## 二、从存在决定意识规律认识新闻传播的本质

辩证唯物主义认为,“人脑是思维的器官,但不是思维的源泉。意识是人脑的机能,但是光有人脑还不能产生意识。人们只有在社会实践中同外在的客观世界打交道,使人脑和其他反映器官同客观世界发生联系,才会产生意识”①。正如马克思所说,“观念的东西不外是移入人的头脑并在人的头脑中改造过的物质的东西而已”②。恩格斯也说,“我们自己所属的物质的、可以感知的世界,是唯一现实的;而我们的意识和思维,不论它看起来是多么超感觉的,总是物质的、肉体的器官即人脑的产物。物质不是精神的产物,而精神本身只是物质的最高产物”③。

承认外部世界及其在人脑中的反映,是唯物主义认识论的基础。新闻传播活动是人们有明确目的和动机的社会行为,是人们认识外部世界和反映外部世界的意识活动。新闻作品,作为观念形态的东西,是人们反映和评论外部世界的产物。因此,新闻传播者的新闻传播活动,对于客观存在的东西,对于外部世界,有着绝对的依赖性。新闻传播的客体,主要是人们丰富多彩的社会实践活动,新闻传播者和他们的新闻传播活动对于人们的社会实践,有

---

① 肖前、李秀林、汪永祥主编:《辩证唯物主义原理》(修订本),人民出版社 1991 年第 2 版,第 134 页。

② 《马克思恩格斯选集》第 2 卷,人民出版社 1995 年第 2 版,第 112 页。

③ 《马克思恩格斯选集》第 4 卷,人民出版社 1995 年第 2 版,第 227 页。

着直接的依赖性。没有外部世界，离开人们的社会实践，新闻传播活动就失去了反映客体和报道依据，新闻作品就成了无本之木、无源之水。

一部新闻传播史表明，新闻传播的本源乃是物质的东西，是事实，是人类在与自然的交往中和在社会生活中所发生的事实。新闻是事实的报道，事实是第一性的，新闻是第二性的，客观事实在先，新闻报道在后。新闻报道总是带有这样或那样的性质，比如重要性、新鲜性、趣味性等等，这些“性质”是从哪里来的？是由什么东西决定的？它们是由新闻所报道、所反映的事实自身决定的。事实决定新闻的种种“性质”，而不是“性质”对于客观事实或新闻报道有什么决定作用。当然，不同的社会制度，新闻传播者不同的价值取向，会影响事实的取舍和对这些事实所含性质的表现，但事实及其所含有的性质是根本的，是第一性的。马克思在谈到报刊的本质时指出，“自由报刊是观念的世界，它不断从现实生活中涌出，又作为越来越丰富的精神唤起新的生机，流回现实世界”①。

新闻报道作为新闻传播者这个行为主体反映客体即外部世界的产物，同客体本身是不一样的，新闻传播者的意识活动及其产物新闻作品，使物质状态的客体变成了精神状态的观念成果。所以马克思曾经这样论述：“正是由于报刊把物质斗争变成思想斗争，把血肉斗争变成精神斗争，把需要、欲望和经验的斗争变成理论、理智和形式的斗争，所以，报刊才成为文化和人民的精神教育的极其强大的杠杆。”②出于对报刊等新闻传媒这种极其重要的社会功能和特点的深刻认识，马克思主义经典作家向来看重新闻传媒在

① 《马克思恩格斯全集》第1卷，人民出版社1995年第2版，第179页。
② 《马克思恩格斯全集》第1卷，人民出版社1995年第2版，第329页。

意识形态领域的独特地位和巨大作用。

由于意识对于存在的相对独立性和意识主体的个体主体性，马克思主义经典作家在论述意识与存在的相互关系时还指出，人的社会实践不但为意识提供现实的对象和内容，而且也为意识提供现实的主体。作为意识主体的人，他们只有在认识和改造外部世界的社会实践中，才能在实践活动和意识活动两个方面同时成为同周围环境既对立又统一的活生生的主体。"在对象化的实践活动中，人们既不断地再生产着外部的对象世界，同时也不断地再生产着全新的主体即人自身。同时，实践的物质活动还为人们的意识活动提供了越来越广泛和重要的认识工具。"①所以马克思指出，生产不仅为主体生产对象，而且也为对象生产主体。在新闻传播活动中，新闻传播者不仅生产新闻作品，也为新闻作品培育读者、观众和听众，同时，也为从事这种新闻生产培育着新闻工作者自身，为新闻生产的再生产和扩大生产培育着更多、更优秀的新闻传播者。这就是意识活动的能动性。

意识对于存在的能动性还表现在，人们在从事一件实际工作之前，先有明确的计划和设想，然后根据这些计划和设想去创建新的客观世界。毛泽东说，"一切事情是要人做的"，"做就必须先有人根据客观事实，引出思想、道理、意见，提出计划、方针、政策、战略、战术，方能做得好。思想等等是主观的东西，做或行动是主观之于客观的东西，都是人类特殊的能动性。这种能动性，我们名之曰'自觉的能动性'，是人之所以区别于物的特点"②。

意识活动对于外部世界的能动性的实现是有条件的。意识主

① 肖前、李秀林、汪永祥主编：《辩证唯物主义原理》(修订本)，人民出版社 1991 年第 2 版，第 152 页。

② 《毛泽东选集》第 2 卷，人民出版社 1991 年第 2 版，第 477 页。

体要懂得和尊重客观规律，从现实可行的条件出发，并且具有勇敢进取、百折不回的意志和毅力，把革命热情和科学态度结合起来。马克思主义经典作家谈到新闻传播者发挥反映和推动社会历史进程的作用时，一方面要求新闻传播者客观公正、实事求是地认识和反映现实世界，另一方面又要求社会为新闻传播者创造良好的传播环境，提供切实有力的制度支持。

存在决定意识这一唯物主义原理，从根本上规定了新闻传播者对于客观事实与新闻报道两者关系的基本立场：先有事实，后有新闻。也从根本上规定了一切新闻生产的基本程序：先获知构成新闻的基本素材——事实，包括人、事、时间、地点、事件的前因后果，再通过各种信息符号的运用，构建和"复原"事实和事件，以新闻作品的形式再现给关注这些事实和事件的众多受众。

一切成功的新闻报道，一切优秀的新闻作品，都是老老实实、规规矩矩、认认真真、一丝不苟地按照认识论的这一基本要求去认知事实，按照新闻生产的基本规程去操作的结果。反之，一切失败的新闻报道，一切错误的甚至被受众唾弃的新闻作品，除了立场、观点、价值取向等原因，最根本的，就是违反了唯物主义认识论原理，违反了先有事实后有新闻这一新闻生产的基本规程。

为此，为了坚持唯物主义认识论原则，排除和克服违反新闻生产规程的种种主客观因素，我们特别要坚持以下四点基本要求：

其一，对构成新闻的基本要素，对构成新闻传播和新闻作品的基本事实，新闻传媒和新闻传播者应持有敬畏之心，要毫无私心杂念地恪守几百年来新闻界始终不渝的新闻职业道德：为社会和公众生产真实、客观、公正、全面的新闻作品。其中，要特别强调和实践这样的理念：真实报道新闻是一切新闻传媒立足之本，是一切新闻作品的生命，是每个新闻传播者最重要的品格。

其二，把提供真实、客观、公正、全面的新闻报道作为每个新闻传媒和新闻传播者的基本功，真正把每个新闻传媒机构建成专职的调查研究机构，使每个新闻传播者成为名副其实的调查研究工作者。在新闻传播机构和整个新闻界，应造成这样的共识和舆论：造假的新闻传媒是最差的新闻传媒，造假的新闻记者是完全不称职的新闻传播者，要让这种传媒关门，让这样的记者下课。

其三，新闻界最来不得半点唯心主义和教条主义。要在新闻界形成这样的理念，构建这样的新闻运作机制：不唯上，不唯书，只唯实，一切以客观事实是从，一切从事实出发。为此，要从更广泛的角度考察，要在全国逐渐形成这样的风气甚至制度：主管部门不再过细地干预传媒报道什么不报道什么，传媒主管不再干预记者对事实的选择和对事实的细节提出不切实际的要求。进一步争取在全国传媒引进海外传媒长期以来的成功做法：记者只对事实负责，传媒负发表的责任。

其四，通过舆论鼓励传媒和记者讲真话，通过制度保护传媒和记者讲真话，通过司法救济支持传媒和记者讲真话。新闻界的一切规章制度，国家的一切新闻立法，都要有利于主张、支持、保护新闻传媒实施真实报道，有利于记者在坚持真实报道的过程中成长成才。从观念上走好第一步，从制度的顶层设计上下工夫，在新闻传播全过程中坚持唯物主义认识论，坚持先有事实后有新闻的规程，是当前便于切实操作的实际步骤。

## 三、对立统一法则制约新闻传播机制

对立统一法则是自然界、社会和思维发展的普遍规律，揭示任何事物都包含着内在矛盾性，矛盾双方既统一又斗争，推动事物的发展和转化。列宁指出："统一物之分为两个部分以及对它的矛盾着的部分的认识，是辩证法的实质。”[①]毛泽东在《矛盾论》中对此作了更为详尽的阐释，他说：“按照辩证唯物论的观点看来，矛盾存在于一切客观事物和主观思维的过程中，矛盾贯穿于一切过程的始终，这是矛盾的普遍性和绝对性。矛盾着的事物及其每一个侧面各有其特点，这是矛盾的特殊性和相对性。矛盾着的事物依一定的条件有同一性，因此能够共居于一个统一体中，又能够互相转化到相反的方面去，这又是矛盾的特殊性和相对性。”[②]

运用辩证唯物论的立场与方法考察新闻传播活动，我们可以发现，在新闻传播活动中，新闻传受双方所传播与接收的各种信息、观念与舆论，实际上无一不是自然界和社会生活中各种矛盾事物及其每一个矛盾侧面的公开披露，无一不是传受双方对这些矛盾事物及其侧面的数量上的把握和质量（性质）上的认定。新闻传播者每天、每时、每刻都在对汪洋大海般涌来的成绩与问题、好人好事与坏人丑事、大好形势与缺点不足等等事实进行考察选择，权衡其利弊得失，对报道时机的快与慢、报道量的大与小、新闻处理的重与轻等等进行决策定夺。这实际上就是对辩证法的活的运用。

因此，新闻传播的机制，是由对立统一法则规定的，其实施过程无不受到对立统一法则的制约。在新闻传播过程中，自觉地掌握和运用对立统一法则，新闻传播就正确，就有效，就能充分发挥新闻传媒巨大的社会功能；不按辩证法办事，违背对立统一法则，随心所欲，盲目传播，就不会有好的传播效果，有时甚至会走向反面。新闻工作犹如江河湖海，既可载舟又可覆舟，能否学好、用好

① 《列宁选集》第2卷，人民出版社1995年第3版，第556页。
② 《毛泽东选集》第1卷，人民出版社1991年第2版，第336页。

对立统一法则，是顺水行舟不翻船的关键。

坚持辩证法，运用对立统一法则指导新闻传播活动，首先要求我们从事物的发展变化观察事物，把握事物运动的走向。新闻传播者对新闻事实的选择和对传播效果的考量，必须以发展变化的眼光，考察和把握利弊得失，把对事实的选择和对效果的预测放到一定的条件下。特定的时空条件下，新闻传播中的利弊、敌我、冷热、虚实、真伪、褒贬、上下、攻守、主客、点面、快慢、异同、正反、动静、轻重、内外、古今、软硬、是非等是可能互相转化的，事物的这一方，可能被另一方所取代，优势演变为劣势，上风沦为下风，正面效应成为负面效应。用因循守旧的观点看事物，以千篇一律的方法做传播肯定搞不好新闻工作。"蔑视辩证法，是不能不受惩罚的。"①

其次，对立统一法则要求新闻传播者全面地观察事物，处理各种社会矛盾关系。列宁指出，"辩证逻辑要求我们更进一步。要真正地认识事物，就必须把握住、研究清楚它的一切方面、一切联系和'中介'。我们永远也不会完全做到这一点，但是，全面性这一要求可以使我们防止犯错误和防止僵化"。他还指出，"辩证法要求从相互关系的具体的发展中来全面地估计这种关系，而不是东抽一点，西抽一点"②。

任何事物都表现为一定的量和质，量和质都是事物本身所固有的规定性。量和质是不断变动的，新闻报道的正是事物的这种量变和质变。量变是质变的准备，质变是量变的结果，质变又会引起新的量变。不断地质量互变，事物就不断前进发展。新闻传播

---

① 《马克思恩格斯选集》第 4 卷，人民出版社 1995 年第 2 版，第 300 页。
② 《列宁选集》第 4 卷，人民出版社 1995 年第 3 版，第 416 页。

者每天忙忙碌碌，就是寻觅和捕捉这种变化，并在第一时间及时地向公众报道和评说这种变化。

体现事物质与量对立统一的是“度”。所谓度，就是一定事物保持自己质的量的限度，是和事物的质相统一的限量①。处于稳定态的事物，它的量和质既是对立的，又是统一的。新闻传播者如果能及时、正确地认识和把握这个“度”，也就能准确地度量和报道该事物的量和质，这样的报道也易达到可靠和良好的传播效果，这就是报道“适度”。

再次，对立统一法则还要求新闻传播者具体地分析具体情况，实事求是地反映和指导实际工作。列宁说：“马克思的辩证法要求对每一特殊的历史情况进行具体的分析。”②新闻传播者所要反映的自然界千变万化，所要报道的人类社会千头万绪。对报道者来说，千事万物有着说不完道不尽的特殊性，因果联系中的多样性因素神奇地起着作用，偶然性情况对必然性趋势不可避免地会有冲击，种种主客观条件的变化又是造成人们难以预料的特殊性出现的原因。因此，新闻传播者必须克服本本主义、教条主义、形式主义等的影响，到生活中去，到群众中去，进行深入细致的调查、了解、研究，掌握第一手材料，具体问题具体分析，准确无误地反映、报道和评说每一个具体的人物和事件。正由于此，客观、公正、真实、全面地报道新闻，成为中外新闻传播者必须遵循的新闻传播活动的基本准则。

认识和把握对立统一法则对新闻传播机制的制约，对新闻传播者来说，有两点是特别重要的。一是要学会选择有说服力的、能

---

① 参见肖前、李秀林、汪永祥主编：《辩证唯物主义原理》（修订本），人民出版社 1991 年第 2 版，第 216 页。

② 《列宁选集》第 2 卷，人民出版社 1995 年第 3 版，第 700 页。

够"讲话"和表明立场的事实，让这些事实替你说话，为你表达立场。记者不该轻易地直接站出来自说自话。二是要学会正确地把握好"说话"的"度"，不过量报道，不过度说话。报道的信息量要适可而止，话要讲到恰到好处。否则，新闻报道可能走向反面，令人不信，叫人生厌。

## 四、经济基础与上层建筑互动原理规定新闻事业的性质

关于经济基础与上层建筑的相互关系，马克思在《政治经济学批判》序言中有一段经典论述："人们在自己生活的社会生活中发生一定的、必然的、不以他们的意志为转移的关系，即同他们的物质生产力的一定发展阶段相适合的生产关系。这些生产关系的总和构成社会的经济结构，即有法律的和政治的上层建筑竖立其上并有一定的社会意识形式与之相适应的现实基础。物质生活的生产方式制约着整个社会生活、政治生活和经济生活的过程。不是人们的意识决定人们的存在，相反，是人们的社会存在决定人们的意识。社会的物质生产力发展到一定阶段，使同它们一直在其中运动的现存生产关系或财产关系（这只是生产关系的法律用语）发生矛盾。于是这些关系便由生产力的发展形式变为生产力的桎梏。那时社会革命的时代就到来了。"①

马克思的这段经典论述表明，在马克思主义经典作家看来，社会结构是由经济基础和上层建筑（上层建筑又由政治上层建筑和思想上层建筑即意识形态构成）两大部分构成的，经济基础是社会结构的基本部分，它制约着整个社会生活、政治生活和精神生活的过程，上层建筑是由经济基础决定并为其服务的。但是，上层建筑

① 《马克思恩格斯选集》第2卷，人民出版社1995年第2版，第32—33页。

又有相对独立性并具有一定的能动作用，即它可能成为生产力发展的推动力，也可能成为生产力发展的障碍。

就新闻传播事业在社会结构中占据的地位和它所具有的主要社会功能来考察，新闻传播事业是一种上层建筑；在上层建筑中，新闻传播事业不是政治上层建筑即国家机器，而是思想上层建筑即意识形态形式。这是根据马克思主义关于经济基础与上层建筑关系的学说，对新闻传播事业性质及功能的定位。

在政治学说、法律学说、哲学、宗教、文学、艺术、道德等意识形态形式中，新闻传播事业及其学科新闻传播学以什么特征同各种意识形态形式相区别呢？以新闻手段。毛泽东指出："在社会主义国家，报纸是社会主义经济即在公有制基础上的计划经济通过新闻手段的反映，和资本主义国家报纸是无政府状态和集团竞争的经济通过新闻手段的反映不相同。"[①]这里的新闻手段，泛指消息、通讯、评论、图片及编排和传播形式的总称，专指新闻传播者用事实说话的特殊手法。

马克思和恩格斯有一系列论述强调意识形态的能动作用。这些论述为我们认识新闻传播事业对于社会经济基础的能动作用以及对于意识形态其他形式的能动作用，提供了理论指导。马克思和恩格斯还特别重视精神生产支配者的作用。他们指出，"统治阶级的思想在每一时代都是占统治地位的思想。这就是说，一个阶级是社会上占统治地位的物质力量，同时也是社会上占统治地位的精神力量。支配着物质生产资料的阶级，同时也支配着精神生产资料，因此，那些没有精神生产资料的人的思想，一般地是隶属于这个阶级的。占统治地位的思想不过是占统治地位的物质关系

① 毛泽东：《文汇报在一个时间内的资产阶级方向》，《人民日报》1957 年 6 月 14 日。

在观念上的表现，不过是以思想的形式表现出来的占统治地位的物质关系；因而，这就是那些使某一个阶级成为统治阶级的关系在观念上的表现，因而这也就是这个阶级的统治的思想”①。马克思和恩格斯对社会统治思想的这些论述，为我们正确认识和把握新闻传播的指导思想、新闻传媒的性质和功能、新闻传播者的历史使命，指明了方向。

进入20世纪之后，无产阶级政党在许多国家先后建立，党的报刊如雨后春笋般迅速发展。马克思主义经典作家在新的历史条件下关于党的组织和党的报刊的许多论述，将马克思和恩格斯关于社会主导观念的思想推向深化。

列宁在《党的组织和党的出版物》一文中，鲜明地提出了党的出版物的口号和新闻传播工作的党性原则。列宁强调，“写作事业应当成为整个无产阶级事业的一部分，成为由整个工人阶级的整个觉悟的先锋队所开动的一部巨大的社会民主主义机器的‘齿轮和螺丝钉’。写作事业应当成为社会民主党有组织的、有计划的、统一的党的工作的一个组成部分”②。列宁提出的报刊工作党性原则，鲜明地强调了党的领导对于报刊工作的重要性，也明确规定了党的报刊自觉地接受党的领导的必要性。

经济基础与上层建筑互动的原理，为我们认识和把握不同历史时期、不同社会制度下的新闻传媒的性质，认识和坚持社会主义制度下新闻传媒的正确政治方向提供了理论武器。实行改革开放政策以来，我国经济呈现多种经济成分，近年来混合经济又有很大发展。经济多种成分发展的结果，必然会导致一些新闻传媒产权

① 《马克思恩格斯选集》第1卷，人民出版社1995年第2版，第98页。
② 《列宁选集》第1卷，人民出版社1995年第3版，第663页。

所有和经营权多样化的变化。但是,不论传媒的属性出现怎样的变化,它们是社会主义社会的新闻传媒的根本性质不会改变,这些传媒必须坚持党的领导、必须坚持社会主义政治方向的原则立场不会改变。强调和坚持这一点,在当前有着突出重要的现实意义。

## 五、人民的历史主人地位决定人民是新闻事业发展的动力

马克思主义经典作家高度重视人民群众在推动历史进程中巨大的创造力。列宁指出,“马克思主义和一切社会主义理论的不同之处在于,它出色地把以下两方面结合起来:既以完全科学的冷静态度去分析客观形势和演进的客观进程,又非常坚决地承认群众(当然,还有善于摸索到并建立起同某些阶级的联系的个人、团体、组织、政党)的革命毅力、革命创造性、革命首创精神的意义”①。列宁特别强调,群众生气勃勃的创造力是新社会的基本因素,生气勃勃的创造性的社会主义是由人民群众自己创立的。

马克思主义经典作家根据相信群众、依靠群众、尊重群众在革命和建设中的首创精神的历史唯物主义原理,提出新闻传播事业是人民群众联合起来的事业的观点,规定了全党办报、群众办报的开门办报方针。毛泽东指出,“我们的报纸也要靠大家来办,靠全体人民群众来办,靠全党来办,而不能只靠少数人关起门来办”②。

出于对群众力量的充分肯定和为人民服务的使命感,马克思主义经典作家强调新闻传播工作者要根据人民群众的需要,向他们提供可靠、适用的新闻作品。列宁在《苏维埃政权的当前任务》中说,“就拿公开报道这样一种组织竞赛的办法来讲吧。资产阶级

① 《列宁选集》第1卷,人民出版社1995年第3版,第747页。

② 毛泽东:《对晋绥日报编辑人员的谈话》,《毛泽东新闻工作文选》,新华出版社1983年第1版,第150页。

共和国只是在形式上保证这点，实际上却使报刊受资本的支配，拿一些耸人听闻的政治上的琐事来供‘小百姓’消遣，用保护‘神圣财产’的‘商业秘密’掩盖作坊中、交易中以及供应等等活动中的真实情况。”我们“必须系统地进行工作，除了无情地压制那些满篇谎言和无耻诽谤的资产阶级报刊，还要努力创办这样一种报刊：它不是拿一些政治上的耸人听闻的琐事供群众消遣和愚弄群众，而是把日常的经济问题提交群众评判，帮助他们认真研究这些问题”①。

马克思主义经典作家要求新闻传播者忠诚地为人民服务，努力为受众写作。刘少奇对新闻记者说，“你们的任务是写给读者看，读者就是你们的主人，他说你们的工作没做好，那就等于上级说的，你们没有话说”。“你们是人民的通讯员，是人民的记者，要全心全意为人民服务。”“你们要了解人民群众中的各种动态、趋向和对党的方针政策的反映。人民包括各阶层，要加以区别。要善于分析具体情况，看各阶层人民有什么困难、要求和情绪。要采取忠实的态度，把人民的要求、困难、呼声、趋势、动态，真实地、全面地、精彩地反映出来。”“你们的笔，是人民的笔，你们是党和人民的耳目喉舌。”②

马克思主义经典作家要求新闻传播工作者要谦逊，要努力向人民群众学习，向社会学习。毛泽东批评有些文艺工作者不熟悉群众，不懂群众语言，英雄无用武之地。他说：“文艺工作者同自己的描写对象和作品接受者不熟，或者简直生疏得很。我们的文艺工作者不熟悉工人，不熟悉农民，不熟悉士兵，也不熟悉他们的干部。什么是不懂？语言不懂，就是说，对于人民群众的丰富的生动

① 《列宁选集》第 3 卷，人民出版社 1995 年第 3 版，第 492—493 页。
② 参见刘少奇：《对华北记者团的谈话》，《刘少奇选集》上卷，人民出版社 1981 年第 1 版，第 401—402 页。

的语言，缺乏充分的知识。”[①]因此，毛泽东要求文艺工作者必须同群众打成一片，经过长期的甚至是痛苦的磨炼，了解群众，懂得他们的语言。他还要求文艺工作者学习马克思主义知识，学习社会。从当年参加文艺座谈会的人员看，毛泽东这里所说的文艺工作者，是包括新闻传播工作者的。

为了教导青年人，尤其是加入党报工作者行列不久的青年新闻工作者，恩格斯曾经提出许多中肯和严格的要求。恩格斯说：“但愿他们能懂得：他们那种本来还需要加以彻底的批判性自我修正的‘学院式教育’，并没有给予他们一种军官证书和在党内取得相应职位的权利；在我们党内，每个人都应当从当兵做起；要在党内担任负责的职务，仅仅有写作才能和理论知识，即使二者确实具备，都是不够的，要担负负责的职务还需要熟悉党的斗争条件，习惯这种斗争的方式，具备久经考验的耿耿忠心和坚强性格，最后还必须自觉地把自己列入战士的行列——一句话，他们这些受过‘学院式教育’的人，总的说来，应该向工人学习的地方，比工人应该向他们学习的地方要多得多。”[②]

从党的十七大以来，党中央强调新闻传播工作要充分体现以人为本的原则。党的十八大以后，更要求把以人为本的原则落实到新闻、宣传、舆论工作的方方面面。习近平在一系列重要讲话中反复强调，一方面要真正让人民群众享受到改革开放的实惠和成果，另一方面又要求进一步放手发动群众，让他们真正成为实现“中国梦”的主力。

随着新闻改革和经济改革的不断深入，商业利益无孔不入地

---

① 《毛泽东选集》第 3 卷，人民出版社 1991 年第 2 版，第 850、852 页。
② 《马克思恩格斯选集》第 4 卷，人民出版社 1995 年第 2 版，第 399 页。

进入包括新闻传媒业在内的各行各业。这种渗入的结果之一，是对人民群众在新闻传媒业发展中作用的忽视，令一些作品粗制滥造、庸俗低级，遭到群众的厌恶和反对。对此，我们要引起警惕，采取切实措施给予坚决抵制和纠正。人民的新闻传媒业一定要以高度的社会责任感，为人民提供合格的精神食粮，成为党和人民都满意的社会主义上层建筑，成为人人喜闻乐见的文化事业和文化产业。

# 中　编

## 马克思主义新闻观内容要义

要使报刊完成自己的使命，首先必须不从外部为它规定任何使命，必须承认它具有连植物也具有的那种通常被人们所承认的东西，即承认它具有自己的内在规律，这些规律是它所不应该而且也不可能任意摆脱的。

——马克思

新闻学作为一门科学，与政治的关系很密切。但不是说新闻可以等同于政治，不是说为了政治需要可以不要它的真实性，所以既要强调新闻工作的党性，又不可忽视新闻工作自身的规律性。

——习近平

# 第三章　坚持党性和人民性的一致

马克思主义新闻学是研究马克思主义经典作家关于新闻传播活动、新闻传媒生产及流通规律的观点与学说的理论体系。马克思主义新闻观是马克思主义经典作家关于新闻传播活动和新闻传媒运作的观点体系。

马克思主义新闻观由马克思、恩格斯所奠定，经由列宁及欧洲无产阶级政党领导人百年推动发展，和中国共产党几代领导人拓展和创新，已经成为博大精深的马克思主义新闻思想体系，对当前复杂多变的新闻传播实践具有巨大的指导、引领和规范作用。其中，新闻宣传的党性与人民性一致的原则，新闻报道必须完全真实的原则，舆论表达、舆论引导和舆论监督共同推进的原则，把社会效益放在首位、实现社会效益和经济效益相统一的原则，实行全党办报群众办报的原则，既保护新闻自由又恪守宣传纪律的原则，是马克思主义新闻观的核心内容。

本章简要阐述新闻宣传党性与人民性一致和统一的原则。

## 一、新闻宣传的党性原则

列宁指出："严格的党性是阶级斗争高度发展的伴随现象和产物。反过来说，为了进行公开而广泛的阶级斗争，必须发展严格的党性。"①

---

① 《列宁选集》第1卷，人民出版社1995年第3版，第672页。

党性学说是列宁时代的产物，是20世纪的马克思主义。马克思和恩格斯时代，基本没有使用过"党性"的概念，但使用"党报"概念。在马克思、恩格斯时代，报刊作为无产阶级运动的必要条件，被置于极为重要的地位。无产阶级要获得革命合法性，为了增强革命组织的凝聚力和战斗力，需要将报刊作为党组织的"思想中心"。马克思、恩格斯强调报刊的首要任务是：教育和团结自己的队伍的成员和同盟者，揭露和抨击敌对阶级。而且，党报肩负三大使命。一是阐述党的政治纲领。马克思和恩格斯认为，党的报刊作为党的武器和阵地，其首要使命是阐述党的政治纲领，高举党的旗帜。党报编辑部要自觉接受和服从党的领导。二是监督党的领导。马克思和恩格斯指出，监督党的领导，批评他们的缺点错误，是党的报刊的又一个使命。三是用科学原理武装工人。无产阶级新闻事业不仅具有鲜明的党性，而且公开亮出自己的党性，声明新闻传播中体现无产阶级政党的思想意志、政治要求和组织原则。这是无产阶级新闻事业区别于其他阶级的新闻事业的显著标志。马克思主义新闻观指出，无产阶级就新闻宣传的党性，要求无产阶级政党所主办或领导的新闻媒介，在新闻传播中必须贯彻和体现本阶级的意志和利益①。马克思和恩格斯时代，无产阶级政党就把党报看成工人政党存在的标志。他们认为，党报是政党的旗帜、武器和阵地。他们要求全党同志珍爱党报这个武器，坚守这个阵地，同时又指出，党报不是向党提供牛奶的奶牛，党报不是领袖们谋私的工具。党报既要接受党的领导，又享有形式上的独立性。党报在纲领和既定策略的范围内可以自由地反对党的某些具体措施，

① 参见童兵：《马克思主义新闻经典教程》，复旦大学出版社2011年版，第107、265、266页。

并在不违反党的道德准则的范围内自由批评纲领和策略。

列宁在新的历史条件下，把马克思主义基本原理运用于俄国革命实践，创造性地发展了马克思主义。列宁通过对报刊在建党、夺权和建设社会主义三个历史阶段的地位与作用的探索，在新的时代背景下把由马克思和恩格斯奠定的马克思主义新闻学提升到新的发展水平。列宁深化、完善了马克思主义新闻学。党报的党性是列宁党报思想的核心概念。与党性对立的概念是非党的“小组习气”和派别性。列宁创办《火星报》的缘由之一，便是要使俄国社会民主党的成员克服小组习气，能够组织成为一个真正的党。俄国的机关报体制在一定程度上反映了俄国党在特殊环境中党性意识的提升。党性，即党的观念或意识，而不是几个人的小组意识。当党宣布成立，原来属于各个活动小组的成员便成为党员，如果意识到自己是一个党的党员，个人的行为和言论遵从于党的纲领和党章，那么可以说这个人是有党性的，如果还是习惯于想做什么就做什么的小组活动或个人的活动，在党已经存在的情况下，便可以说这个人不具有党性①。列宁在《党的组织与党的出版物》一文中指出，“出版物应当成为党的出版物。社会主义无产阶级应当提出党的出版物的原则，发展这个原则，而且尽可能以完备和完整的形式实现这个原则”。这里党的出版物的原则是指：“对于社会主义无产阶级，写作事业不能是个人或集团的赚钱工具，而且根本不能是与无产阶级总的事业无关的个人事业。”“写作事业应当成为整个无产阶级事业的一部分，成为由整个无产阶级的整个觉悟的先锋队所开动的一部巨大的社会民主主义机器的‘齿轮和螺丝钉’。写作事业应当成为社会民主党有组织的、有计划的、统一的

① 陈力丹：《马克思主义新闻思想概论》，复旦大学出版社 2003 年版，第 165 页。

党的工作的一个组成部分。”在列宁看来，写作不是全然游离于党的组织领导的自由职业，而是无产阶级整个事业不可分割的组成部分。

列宁还指出，党报是作为党的一个“组织细胞”而存在和活动的，报纸应当成为党组织的机关报，写作者一定要参加到党组织中去。十月革命胜利后，在列宁的领导下，党的第八、九、十二次代表大会分别通过了关于报刊工作的重要决议。其中第八次代表大会的决议指出，报刊是党进行宣传、鼓动和组织工作的强大工具，是影响广大人民群众的有力手段。为此，党报必须在党的领导下工作，党应该向党报和苏维埃报社编辑部增派党的最有经验的干部。列宁强调新闻事业的党性原则，是对马克思主义新闻传播思想的升华，同时也是继续苏俄革命和建设实践的需要。将新闻事业纳入无产阶级政党组织视野，充分发挥其在意识形态和思想文化领域的导引作用，是无产阶级政党掌控意识形态领导权和思想宣传话语权的必要前提。

马克思主义新闻观进入中国，成为指导中国革命、社会主义建设以及改革开放的思想罗盘。经过毛泽东、刘少奇、周恩来、邓小平、江泽民、胡锦涛、习近平等几代领导人的不懈努力，将马克思主义经典理论与中国革命和建设的实践紧密结合，实现了马克思主义新闻观的中国化，形成中国特色的马克思主义新闻观理论体系。

毛泽东的党报思想具有深厚的中国语境。在毛泽东早年的革命实践中，他始终重视“笔杆子”工作。延安时期，毛泽东新闻宣传思想进一步升华，并在宣传实践中得到更加到位的落实。其中，以《在延安文艺座谈会上的讲话》以及《解放日报》改版最具有代表性。1942 年 4 月 1 日《解放日报》改版社论旗帜鲜明地亮出党报宗旨：“什么是党报？一提起这个问题的时候，大家必然会想起‘报纸不仅是集体的宣传员和集体的鼓动员，而且还是集体的组织者'（列宁）、'报纸是我们最锐利和最有力的武器'（斯大林）这一类名言。但是试问报纸到底如何才能成为集体宣传者集体鼓动者集体组织者呢？究竟怎样才能成为党手中最锐利和最有力的武器呢？那么，必须：第一，贯彻着坚强的党性。……第二，密切地与群众联系，反映他们身受的苦难和惨痛，宣达他们的意见和呼声。……第三，洋溢着战斗性。""在检讨我们过去的工作之后，我们认为需要使我们的工作有一个彻底的改革。改革的目的，就是要使《解放日报》能够成为真正战斗的党的机关报。要达到这个目的主要的环节，就是要使我们整个篇幅贯彻党的路线，反映群众情况，加强思想斗争，帮助全党工作的改进。这样来贯彻我们报纸的党性、群众性、战斗性和组织性！"[①]1942 年 10 月 28 日，毛泽东为中共中央书记处起草的给各中央局、中央分局的指示中提出："抓紧对通讯社及报纸的领导，务使通讯社及报纸的宣传完全符合于党的政策，务使我们的宣传增强党性，拿《解放日报》所发表的关于如何使报纸增强党性的许多文件去教育我们的宣传人员，克服宣传人员中闹独立性的错误倾向。"[②]在革命时代，作为革命党，共产党需要将报刊媒体打造成锐利的武器，目的是为革命服务，捍卫革命合法性，赢得政权。

新中国成立以后，中国共产党由革命党转变为执政党。党和媒体的关系逻辑基本未变。执政党一如既往，强调媒体必须体现党的意志，贯彻党的路线方针和政策。媒体不仅成为党的喉舌，同时也是社会的组织者。1959 年，毛泽东提出了"政治家办报"的概

① 《致读者》，《解放日报》1942 年 4 月 1 日社论。
② 《毛泽东新闻工作文选》，新华出版社 1983 年版，第 97 页。

念，这是新闻的党性原则在新的历史语境下又一表现。毛泽东所强调的“政治家办报”是与“书生办报”相对的。提出媒体负责人应该“多谋善断”，具有高超的媒体驾驭能力。

邓小平的新闻宣传思想，是马克思主义新闻观在改革开放语境下的产物。邓小平的新闻宣传思想，是时代的产物，即是中国从“非常态”时代转向“常态”时代的产物。邓小平的贡献之一就是将人民和媒体该有的权利返还给他们。这权利包括表达的权利和监督的权利。媒体作为连接执政党和人民的纽带，其功能在“文革”期间遭到严重扭曲，致使媒体与人民的亲和性被阻断，造成党的新闻宣传事业陷入被动。通过改革，邓小平让走失的人民性重新回归到党性原则，从而让人民性和党性一致起来。1983 年 10 月 12 日，邓小平在《党在组织战线和思想战线上的迫切任务》的讲话中指出：“所有共产党员都要增强党性，遵守党的章程和纪律。”他批评“把民主同党的领导对立起来，在党性和人民性的问题上提出违反马克思主义的说法”①。邓小平新闻传播思想充满辩证智慧：一方面，他强调思想解放，突破形形色色的禁区，还权利于媒体；另一方面，他时刻防范思想解放与舆论开放带来的风险，把控解放与开放的节奏和节点。比如，强调传媒的党性原则，注重传媒的社会效益，要求传媒为改革保驾护航，为经济发展创造良好的舆论环境。这些要求，意在为媒体改革划定底线。

如今，面对全面对外开放的舆论环境，如何坚持新闻宣传工作的党性原则，习近平在全国宣传思想工作会议上的讲话对此作了如是诠释：坚持党性，核心就是坚持正确政治方向，站稳政治立场，坚定宣传党的理论和路线方针政策，坚定宣传中央重大工作部署，

---

① 《邓小平文选》第 3 卷，人民出版社 1993 年版，第 46、42 页。

坚定宣传中央关于形势的重大分析判断，坚决同党中央保持高度一致，坚决维护中央权威。要求所有宣传思想部门和单位，所有宣传思想战线上的党员、干部都要旗帜鲜明坚持党性原则。他还要求：各级党委要负起政治责任和领导责任，加强对宣传思想领域重大问题的分析研判和重大战略性任务的统筹指导，不断提高领导宣传思想工作能力和水平。要树立大宣传的工作理念，动员各条战线各个部门一起来做，把宣传思想工作同各个领域的行政管理、行业管理、社会管理更加紧密地结合起来。在全面对外开放条件下，考验执政党的媒体执政能力，考验执政党的媒体执政艺术。

## 二、新闻宣传的人民性原则

马克思主义新闻观基于历史的人民观基础，深刻洞察了人类历史发展和新闻传播规律。马克思指出："民众的承认是报刊得以生存的条件，没有这个条件，报刊就会无可挽救地陷入绝境。"①马克思在《〈莱比锡总汇报〉在普鲁士邦境内的查禁》一文中这样写道："报刊只是而且只应该是人民（确实按人民的方式思想的人民）日常思想和感情的公开的表达者，诚然这种表达往往是充满激情的、夸大的和失当的。因此，如同生活本身一样，报刊总是常变常新，永远不会老成持重。它生活在人民当中，它真诚地同情人民的一切希望与忧患、热爱与憎恨、欢乐与痛苦。"②人民报刊应是人民的喉舌，是人民群众有声的表达者，是人民联系世界的有声的纽带，是人民精神大声表达出来的日常政治思想，是人民及其政党的真正学说的公开表露。可见，马克思主义新闻观是以人民为中心

---

① 《马克思恩格斯全集》第 1 卷，人民出版社 1995 年第 2 版，第 358 页。
② 《马克思恩格斯全集》第 1 卷，人民出版社 1995 年第 2 版，第 352 页。

的，新闻的人民性是马克思主义新闻观的核心理念。无数人类历史经验以及新闻实践证明，什么时候新闻事业与人民紧连在一起，新闻就能兴旺发达，就能推动历史进步。新闻从人民中来，再到人民中去。离开人民，新闻事业就会失去活力，失去其赖以生存的基础。马克思主义新闻观是对资产阶级新闻观的否定，超越了其他新闻观的局限，最大程度地体现了人民意愿，最大限度地满足人民需求，代表了历史的发展方向，遵循历史发展规律和新闻传播规律，实现了人民与新闻的深度结合，进而使新闻事业成为社会主义整个事业须臾不离的组成部分。

毛泽东的党报思想是与他的群众路线思想紧密联系的。他指出："报纸的作用和力量，就在它能使党的纲领路线、方针政策、工作任务和工作方法，最迅速最广泛地同群众见面。"[①]邓小平曾指出："党只有紧紧地依靠群众，密切地联系群众，随时听取群众的呼声，了解群众的情绪，代表群众的利益，才能形成强大的力量，顺利地完成自己的各项任务。"[②]人民群众是执政党的力量源泉。而新闻媒体则是连接党和人民的有声纽带。马克思主义新闻观的人民性原则，就是要解决党和媒体安身立命的根基。立党之基，在于执政为民。媒体作为执政党联系群众的纽带和桥梁，毋庸置疑，应该把人民作为服务的根本方向。2012 年 11 月 15 日，习近平在中外记者见面会上的讲话中指出："人民是历史的创造者，群众是真正的英雄。人民群众是我们的力量的源泉。""我们一定要始终与人民心心相印、与人民同甘共苦、与人民团结奋斗，夙夜在公，勤勉工作，努力向历史、向人民交出一份合格的答卷。"上述表述都是在表

---

① 《毛泽东选集》第 4 卷，人民出版社 1991 年版，第 1318 页。
② 《邓小平文选》第 2 卷，人民出版社 1994 年版，第 342 页。

明，执政党需要时时刻刻想到人民，且以实际行动，践行执政党向人民的承诺。习近平在全国宣传思想工作会议的讲话中，进一步强调党的宣传思想工作，应该坚持以人民为中心的工作方向。并对人民性作了明确阐述。他指出，坚持人民性，就是要把实现好、维护好、发展好最广大人民根本利益作为出发点和落脚点，坚持以民为本、以人为本。要树立以人民为中心的工作导向，把服务群众同教育引导群众结合起来，把满足需求同提高素养结合起来，多宣传报道人民群众的伟大奋斗和火热生活，多宣传报道人民群众中涌现出来的先进典型和感人事迹，丰富人民精神世界，增强人民精神力量，满足人民精神需求。

在党的新闻舆论工作座谈会上，习近平又一次强调，党的新闻舆论工作坚持党性原则，最根本的是坚持党对新闻舆论工作的领导。党和政府主办的媒体是党和政府的宣传阵地，必须姓党。党的新闻舆论媒体的所有工作，都要体现党的意志、反映党的主张，维护党中央权威、维护党的团结，做到爱党、护党、为党；都要增强看齐意识，在思想上政治上行动上同党中央保持高度一致；都要坚持党性和人民性相统一，把党的理论和路线方针政策变为人民群众的自觉行动。

### 三、党性和人民性的统一

共产党来自人民，须臾不可脱离人民；共产党是人民的先锋队，必须站在群众的前头，团结带领群众奋斗，不能当群众的尾巴。把来自人民、为了人民和团结带领人民奋斗统一起来，把相信群众、依靠群众和相信党、依靠党统一起来，这是马克思主义的基本观点，是党的群众路线的基本原则。在当下中国，真正能够代表人民，把人民群众的个体利益和集体利益、局部利益和整体利益、眼前利益和长远利益统一起来的，不是那些在口头上高喊人民性、宣称“为民代言”“为民请命”，实际上打着个人和小团体算盘的各式人等，而是顺应历史潮流，团结带领中国人民在历史正轨上奋斗前进的中国共产党①。

关于党报的党性和人民性的说法，1947 年 1 月 11 日《新华日报》编辑部文章《检讨与勉励》就有这样的说法：“《新华日报》的党性和它的人民性是一致的。……《新华日报》是一张党报，也就是一张人民的报纸，《新华日报》的党性，也就是它的人民性。《新华日报》的最高度的党性，就是它应该最大限度地反映人民的生活和斗争，最大限度地反映人民的呼吸和感情、思想和行动，有的读者说，《新华日报》的‘党性色彩太浓厚’，这其实正是党性发挥得不够；也就是人民性发挥得不够的表现。简单地说，就是为人民服务还做得不够。”②早在 1942 年 4 月延安《解放日报》改版开始，党报表达民意就是党的传统之一。改版社论就报纸的任务写道：“反映群众的情绪、生活需求和要求，记载他们可歌可泣的英勇奋斗的事迹，反映他们身受的苦难和惨痛，宣达他们的意见和呼声。报纸的任务，不仅要充实群众的知识，扩大他们的眼界，启发他们的觉悟，教导他们，组织他们，而且要成为他们的反映者、喉舌，与他们共患难的朋友。”1956 年《人民日报》改版，强调《人民日报》既是党中央的机关报又是人民的报纸。改版社论也明确指出：“我们的报纸名字叫做《人民日报》，意思就是说它是人民的公共的武器，公共的财产。人民群众是它的主人。”1979 年 3 月，时任中宣部部长的胡耀邦主持召开全国新闻工作座谈会，会上他强调新闻宣传的党性和

---

① 秋石：《坚持党性和人民性相统一》，《求是》2013 年第 22 期。
② 《中国共产党新闻工作文件汇编》(下册)，新华出版社 1980 年版，第 80 页。

人民性是一致的。习近平总书记在“8·19”讲话中强调:“党性和人民性从来都是一致的、统一的。”可见,虽然历史语境不同,党在不同历史时期面临的使命任务不同,但在对党性和人民性关系的理解上,则是统一的。而且,历史实践证明,什么时候党坚持党性和人民性的统一,党的新闻宣传工作就会主动,赢得人民的拥护。

改革开放以来,中国社会发生了巨大的改变,与此同时,人类社会的传播环境发生了天翻地覆的变化。在这种背景下,人民对新闻事业的期待日益增多。如今,人民的诉求比任何时期更高,也更为多元复杂,社会矛盾也容易被高度发达的媒体传播出来,传播的不确定性空前加大,我们对新闻传播规律的把握难度甚大。这些因素无疑都给执政党的治国理政带来极大的挑战。新时代、新使命、新挑战适逢其时,新闻宣传的人民性问题又被推到时代的前面。当前,执政党面临的责任比任何时候都要重。重任在肩,当夙夜在公,勤勉工作。如今的人民是一个多元、丰富的概念,其结构要比历史上任何时候都要复杂,人民渴望美好社会的诉求空前强烈,对民主政治的渴求与日俱增;加之,媒介技术的突飞猛进,使得人民群众的表达渠道比任何时候都更为多样、宽广,人们的表达欲求特别强劲。为此,需要执政党坚持以人民为中心的新闻理念,充分运用好新闻传播资源,强化新闻执政的理念,最大限度地满足人民群众日益增长的各种诉求,谋求人民福祉的最大化。当前,要认真做好以下几项工作。

第一,倾听人民的声音,保障宪法赋予人民的权利。

共产党作为执政党,是人民群众利益的忠实代表。人民群众的要求不论合理不合理,都要倾听;人民群众的权利不论大小,都要尊重。执政的前提是要知道人民想要什么。为此,需要执政党以最大的谦卑和坦诚,倾听人民的声音,通过新闻媒体,最大范围地听取人民的声音，真实、全面地获取人民的心声，努力实现党心和民意的无缝对接。中华人民共和国宪法赋予了人民神圣的权利。这一国家根本大法对公民的言论自由有清晰的规定。具体表现为公民的知情权、表达权、批评权、监督权。为保障宪法赋予公民的言论自由权利，需要在制度和实践层面落实上述“四权”，努力创造条件，让公民“四权”落地生根。

邓小平曾说过这样的话：“一个革命政党，就怕听不到人民的声音，最可怕的是鸦雀无声。”如何倾听人民的声音？需要不失时机地开放媒体表达的空间，让人民的声音在大众媒体中得到最大程度的表达，实现新闻党性原则与人民性原则的统一。如今，在全面对外开放语境下，在新媒体建构了中国传播新格局的形势下，人民的声音表达出来并不困难。无论是传统媒体，还是新媒体，其表达空间是空前的。特别是在网络媒体上，网民的声音分贝甚高，众声喧哗。难道这就是真实的人民声音？

其实未必。现在一提及社会舆论，很多人就会自然而然地想到互联网舆论。这种将网上舆论等同为社会舆论的倾向极为片面，遮蔽了人们对社会舆论的全面理解。不可否认，互联网让社会舆论更加容易被“看见”或“听见”。但社会舆论部分移师网络空间，并不意味着它就完全从现实社会中抽空了。中国有13亿多人，而网民只有6亿多。即便这些网民再有舆论能量，也不能说他们的声音就等于当下中国的社会舆论。那些“网外之民”的态度和意见，也是社会舆论不该遗忘的一部分。

网上舆论并不是社会舆论的简单复制，它与真正意义上的社会舆论存在差异。其原因有三。一是网民结构与社会结构存在差异。网民与“网外之民”在年龄、学历和收入等方面的结构差异，相当程度上导致舆论表达上的分殊，各自产生的舆论面貌也肯定是不一样的。二是网上的声音受到双重逻辑的规约，即受到网下逻辑和网上逻辑的复合作用。所谓的网下逻辑，即网上的声音多是受到网下现实问题的诱致乃至引爆。所谓网上逻辑，是指互联网的“极化”和“放大”机理，表现为网下一件不大不小的事情，转移到网上，有时会引起轩然大波。三是现实社会的舆论表达多是在可控空间中运转的，其变数和风险相对较小。而且，传统媒体很多时候能够过滤舆论中的非理性情绪，将舆论议程锚定在理性表达层面；但网络舆论有时会“汹涌澎湃、惊涛拍岸”，易于造成非理性情绪的失控。鉴于上述情况，我们若把网络舆论简单等同于社会舆论，等同于人民的声音，显然有失偏颇。

人民的声音应包括网上的喧哗众声以及网外的沉默声音。那么，如何打捞“网外之民”的声音呢？一是须从对网上舆论的单恋中走出来，“网开一面”，自觉倾听网络空间之外的声音。中国共产党素有群众路线的传统，这是执政党用草鞋和布鞋走出来的民心路线，现在需要将其落实到中国的舆论实践中，于无声处听民声，莫被网上的喧嚣遮蔽了视野。二是运用科学的民意调查手段和方法，将“失声”的那一半“网外之民”的心声打捞出来。现在形形色色网络民意调查和时髦的大数据挖掘技术很受青睐，这对把握网络舆论乃至中国社会舆论着实有所助益。但不能因我们舆论观上的偏差，使得那些专攻于网络舆论的玄奥技术成为舆论市场上的“专利”。有些看似老土的技术和经验其实也是管用的，不能直接扔进“垃圾桶”。不管打捞民意的方法是新还是旧，其目的是为切实把握转型中国语境下真实、全面的民意。

第二，提升全面开放语境下的媒体执政能力。

执政党运作政治权力，会有其一定的理念、规划和路数。但是，要把执政党的执政理念、路线、政策表达出来，让公众知晓，并获得公众认同，这就需要执政党运用一定的策略、渠道、手段，将执政党的理念、路线、政策传输到公众那里去。并不是好的政治理念、路线和政策就一定会得到老百姓的理解和拥护。这就需要用正确、有效的策略、技巧打通上下通道，因此，有效的政治沟通就变得特别重要。中国共产党的“群众路线”原则，不仅强调人民群众是执政党的合法性之源，同时强调人民群众是执政党工作的起点和归宿。对此，邓小平有一权威的界定：“党的正确的路线、政策是从群众中来的，是反映群众的要求的，是合乎群众的实际的，是实事求是的，是能够为群众所接收、能够动员群众的，同时又是反过来领导群众的，这就叫群众路线。”①中国共产党作为长期执政的执政党，拥有十分雄厚的政治资源，包括宣传资源，在传播政治理念、路线、政策上具有得天独厚的优势。

以人民为中心的新闻宣传理念要求执政党主办或领导的新闻传媒必须以满足人民群众日益增长的知情、表达、批评、监督的诉求为主旨，充分利用好手中媒体资源，善于利用新闻媒体来执政。做好新闻执政的前提是：把握执政规律和新闻传播规律。当前，执政党面临着执政环境和传播环境转型的双重挑战，对新形势下的执政规律和新闻传播规律的把握还有待加强。特别是新闻传播规律，执政党在这方面的把握还远远不够，已知还远远逊于未知。新媒体所带来的新传播革命深刻改变了中国既有的传播格局，这给执政党的新闻舆论引导带来了空前挑战。在当下中国，出现了官方舆论场、民间舆论场和海外舆论场的竞争，甚至分离的局面。为此，需要执政党提升新闻执政能力，尽快结束中国新闻舆论场的“战国”局面。在这方面，主流媒体应该责无旁贷，成为中国社会舆

① 《邓小平文选》第1卷，人民出版社1994年版，第288页。

论的积极引领者。在互联网时代主流媒体若想位居主流，就得做互联网纷乱信息的过滤器，做国民心态的压舱石，做网络偏激情绪的缓释剂。要按照执政规律和新闻传播规律打造党报、党刊、党台、官网，重新塑造中国话语系统，传播中国好声音。

提升执政党的网络执政能力，可在以下几个方面用力。

一是准确把握网络舆论表达和引导的规律。与传统舆论场比较，网络舆论场是一个更加复杂的循环系统，在这个系统中，有很多关系变量，对网络构成影响。而且这些变量之间的结构、机理非常复杂。至今，我们对它的认知和把握还远远不够。只有把握网络舆论的运行规律，才能实现有效的引导和管理。

二是提高议程设置能力。议程设置能力不是狭义的控制能力，而是因势利导的能力。对网络舆论进行引导，是建立在对网民表达诉求尊重基础上的，同时也是建立在对网络舆论规律的精准把握基础之上。

三是提升化解舆论风险的能力。虚拟世界的舆论事件，其现实影响力是实实在在的。网上风云可能会演化成现实风暴。舆论风险考验执政者的风险化解能力。有很多现实风险，可能首先表现为舆论风险，而舆论风险作为一种“软风险”，很容易被忽视，舆论风险的不当处理，会引发现实风险的发生乃至加剧。执政党应该有信心，也有能力应对各种舆论风险，包括网络舆论风险。目前的互联网管理是法治和人治并行。有时候，行政管理多于依法管理。即便是依法管理，在法律法规的制定、执行方面也存在不少问题。而且国内在网络管理上缺少统一的法律规范，而是以各部门条块划分的规则为主。一旦遇到具体的问题，同时会涉及多个部门，管理起来十分不便。还有，国内的网络监管，以硬件为主，软件较少。对于互联网的法律监管，可以从现有的法律层面，做一些适当调整。

第三，把体现党的主张和反映人民心声统一起来。

坚持党性和人民性的统一，坚持对党负责和对人民负责的一致性，是做好宣传思想工作的一项根本原则。宣传思想部门不仅是党的“喉舌”，担负着向群众宣传党的主张的职责，而且是党和政府联系群众的“耳目”，担负着反映人民心声的职责。做好宣传思想工作，必须讲党性，这是马克思主义新闻观的本质要求，也是宣传思想工作的灵魂和基石。无论时代如何演变、舆论传播环境如何变化，无论在什么时候、什么情况下，党性原则都不能丢、不能忘，不能有丝毫含糊、偏离和动摇。坚持党性，核心是坚持正确政治方向，站稳政治立场，与党中央保持一致，宣传党的理论和路线方针政策，宣传中央重大工作部署，宣传中央关于形势的重大分析判断，坚决维护中央权威。在关键时刻和关键问题上，要勇于担当，敢于亮剑，表明立场[①]。

做好宣传思想工作，必须讲人民性。人民性的要求，同样不能丢、不能忘，不能有丝毫含糊、偏离和动摇。坚持人民性，就是要把全心全意为人民服务作为全部活动的依据和根本标准，把实现好、维护好、发展好最广大人民根本利益作为出发点和落脚点，牢固树立以人民为中心的工作导向，坚持以民为本、以人为本，相信群众、依靠群众、虚心向群众学习，切实解决好“为了谁、依靠谁、我是谁”的根本问题。在完全开放条件下，新闻宣传工作的一个重要任务就是引导人们更加全面客观地认识当代中国、看待外部世界。这是一项艰巨的时代课题。为此，需要尊重人民群众的接受期待，平等地与他们交流，而不是居高临下地灌输，盛气凌人地说教。要真

① 秋石：《坚持党性和人民性相统一》，《求是》2013年第22期。

正做到新闻宣传工作的党性与人民性的统一，仅仅有全心全意为人民服务之心是不够的，还得有为人民服务的本领。要求新闻宣传工作者掌握新闻宣传规律，懂得宣传的艺术。关键是要提高质量和水平，把握好时、度、效，增强吸引力和感染力，让群众爱听爱看、产生共鸣，充分发挥正面宣传鼓舞人、激励人的作用。讲好中国故事，能够用人民群众喜闻乐见的形式，引导人们更加全面客观地认识当代中国、看待外部世界，并把这种正确的认知和立场，变成实现中国梦、实现中华民族复兴的动力。

# 第四章　新闻和宣传必须完全真实

新闻报道是客观事实在新闻传播者头脑中的反映，通过某种符号向受众发布的物化产品。新闻报道的对象必须是真人真事，这是新闻的基本属性，是新闻报道的原则底线。新闻宣传是通过报道和评述事实而进行的宣传，其基础仍是对事实的真实报道。二者都是在新闻传播客观规律支配下的有机运动过程。

新闻报道和新闻宣传必须真实，归根结底是传播有效的要求。传播必须有效，这是一切传播活动的终极目的。唯有真实的报道和宣传才能收到好的传播效果，达到传播目的，发挥新闻传媒组织动员社会的功能。如果传受的信息是失实或弄虚作假的，必定会减损甚至败坏新闻传媒的公信力，最终导致新闻传播事业的失败。因此，坚持实事求是的思想路线，以真实报道为原则，是马克思主义新闻观对新闻传播实践提出的基本规范。

## 一、真实是新闻的生命

新闻的真实，是指新闻报道同其所反映的客观事实的相符程度，即新闻报道反映新闻事实的准确度和可靠性。凡新闻必须真实，这是新闻存在的基本条件和特有优势，是新闻报道的最基本要求，也是新闻传播的根本出发点。

马克思主义新闻观对于新闻真实性的理解和实践，以辩证唯物主义为指导，不否认新闻具有意识形态属性，新闻自身体现着人们的价值判断和观念立场，但始终认为新闻更具有“事实性”，这是新闻的基本属性，新闻传播受到新闻必须真实的内在规律的制约。

在马克思、恩格斯的著作里，关于新闻真实的相关论述比较多。马克思早在1843年《〈莱比锡总汇报〉的查封》一文中，就提出了报纸是根据事实来描写事实，还是根据希望来描写事实的问题[①]。在领导工人报刊的编辑工作中，马克思和恩格斯强调，创办社会主义报刊，既要有明确的性质，又要实行用事实进行宣传的方法。恩格斯说明了这种方法就是“完全立足于事实，只引用事实和直接以事实为根据的判断，——由这样的判断进一步得出的结论本身仍然是明显的事实”[②]。马克思晚年在给女儿燕妮的信中，还曾强调了文艺与新闻的区别，认为新闻只能遵循事实，不能有作者的臆想，逻辑推理也要有事实依据[③]。

列宁主办的报刊虽然全部是党的报刊，而且半数秘密出版，但他对报刊上所发表的新闻的真实性，一向要求严格。1905年他主持第一家公开出版的布尔什维克日报《新生活报》期间，经常要求作者“要更冷静地分析论据，更详细地、更简明地反复说明事实真相”[④]。他还指出，真实本身并没有阶级性，只是看它为谁服务[⑤]。

在革命战争年代，毛泽东反复告诫新闻工作者“讲真话，不偷、不装、不吹”：不偷，是指不“抄袭”；不装，就是“知之为知之，不知为不知”；不吹就是“报实数”，“各地打仗缴枪，缴一支讲一支，不报虚

① 《马克思恩格斯论新闻》，新华出版社1985年版，第107页。
② 《马克思恩格斯全集》第42卷，人民出版社1979年版，第413页。
③ 《马克思恩格斯全集》第35卷，人民出版社1971年版，第234页。
④ 《列宁全集》第46卷，人民出版社1990年版，第369页。
⑤ 《列宁全集》第51卷，人民出版社1988年版，第262页。

数”[①]。刘少奇提出了“新闻第一要真实”的观点，他对华北记者团的同志们说：“你们的报道一定要真实，不要加油加醋，不要戴有色眼镜。群众对我们，是反对就是反对，是欢迎就是欢迎，是误解就是误解，不要害怕真实地反映这些东西。”[②]陆定一在《我们对于新闻学的基本观点》一文中提出，新闻的本源是事实，新闻是事实的报道，事实是第一性的，新闻是第二性的，事实在先，新闻(报道)在后[③]。新时期以来，中国共产党多次强调，坚持新闻真实性原则，就是要在新闻工作中坚持党的一切从实际出发、实事求是的思想路线。

新闻失去真实性，也就失去了接受者的信任，当然也就失去了自身的生命力，这方面的教训极其深刻。例如，“大跃进”时期和“文化大革命”时期，出现了许多浮夸、虚假的报道，像“人有多大胆，地有多高产”“不怕做不到，就怕想不到”这样一些完全不顾事实、不讲科学的口号居然登上了党报，给我国政治经济造成重大损失。近年来，也有一些新闻报道混淆黑白、公开造假，其结果不但损坏了新闻媒体自己的声誉，而且影响了人民群众对党和政府的信任。历史和现实的经验证明，遵循马克思主义新闻观的基本要求，拿出经得起检验的作品，才能避免坠入新闻工作误区，承担起新闻工作的使命。

## 二、新闻的客观性与倾向性

新闻传播活动是人们有明确目的和动机的社会行为，是人们认识外部世界和反映外部世界的意识活动。承认外部世界及其在

① 《毛泽东新闻工作文选》，新华出版社1983年版，第125—128页。
② 《中国共产党新闻工作文件汇编》(下)，新华出版社1980年第1版，第256—257页。
③ 《中国共产党新闻工作文件汇编》(下)，新华出版社1980年第1版，第188—189页。

人脑中的反映，是唯物主义认识论的基础。新闻作品，作为观念形态的东西，是人们反映和评论外部世界的产物，新闻传播者和他们的新闻传播活动对于人们的社会实践有着直接的依赖。没有外部世界，离开人们的社会实践，新闻传播活动就失去了反映客体和报道依据，新闻作品就成了无本之木、无源之水。

马克思和恩格斯把坚持客观报道视作报刊工作的“一般的公正”。尽管他们对于那些不能平等地对待自己的报纸意见很多，但还是期待这些报纸在正常情况下能够坚持这种“一般的公正”。这种所谓的“一般的公正”，即指报道具体事件中的对立双方的情况，或为双方提供较为平等的论战的报纸篇幅。

在《新莱茵报》时期，马克思处理过这样一件事。当时，巴黎盛传俄国流亡者巴枯宁是皇帝尼古拉的间谍，两个互不联系的通讯员同时向报社提供了相同的消息。出于对报纸所承担的义务的考虑——必须对社会活动家保持高度警觉，马克思报道了这些消息。但报社同时也给巴枯宁机会，让他提供事实消除人们对他的怀疑，并从别的报纸上转载了巴枯宁为自己洗刷、否认谣传的声明。马克思认为，《新莱茵报》在一时无法核实又不得不报道的时候，全文照登通讯员来信，一旦有了确凿材料后又加以纠正，用连续报道的方式揭示事件的真相，并给意见相左的各方提供平等表态的机会，这种做法是报刊尊重客观性的表现，同时也应该是报刊工作的惯例。

马克思和恩格斯在论述新闻真实性和客观性的同时，又指出，新闻报道者总是有倾向性的。这是因为，在报刊工作中，不仅要维护最低限度的、起码的“一般的公正”，而且总要这样或那样地表现出报刊工作者本身的立场和看法。

新闻倾向性，是新闻作者、新闻机构对于客观事实的态度在新闻中的反映，是新闻作者、新闻机构的立场、观点、方法、兴趣的体现。新闻倾向性的产生，要从新闻报道的过程中加以考察。新闻是主体对客体的能动反映，现实生活中新近发生的事实太多，新闻记者和新闻机构不可能也无必要都作报道。社会对新闻的需求，各式各样，千差万别，由于主客观条件的限制，不可能一概满足。在选择事实、报道新闻的过程中，持有不同阶级立场、集团利益、政治态度、经济利益、价值观念、文化素养、兴趣爱好的新闻作者和新闻机构，会自觉不自觉地表现出是非、褒贬、爱憎等不同的倾向性。

新闻倾向性的重要表现为阶级性、党派性、政治性，也可表现为指导性或趣味性，通过新闻事实的报道，体现某种思想，批判某个观点，引导受众的思想、行动，都属于倾向性的表现。在现代社会，各个阶级、集团、党派特别是占统治地位的阶级、集团、党派，必然会利用各种手法，影响甚至控制新闻媒体，在报道新闻的基础上，表达自己的观点，宣传自己的主张，影响舆论走向。

马克思和恩格斯的报刊实践表明，当新闻真实性同政治策略、宣传策略发生冲突的时候，他们总是把真实性放在第一位。李卜克内西回忆马克思时讲过这样一段话——

“马克思是一个极其忠实的人，他首先是真实的化身。一看到他，立刻就能知道我们所接触的是怎样的人了。在经常处于敌对状态的‘文明’社会里，当然不是任何时候都可以说真话的，否则就等于把自己交到敌人手里或把自己驱逐于社会生活之外。然而，不是任何时候都能说真话，绝不是说应该说假话。我不是任何时候都能说出我们感到和想到的，但这并不是说我应该或必须说我没有感到和想到的。前者是智慧，后者是虚伪。马克思是从不虚伪的。”①

① 参见《回忆马克思恩格斯》，人民出版社 1973 年版，第 47—48 页。

"凡是真的东西,都经得住火的考验;一切假的东西,我们甘愿与它们一刀两断。"①马克思和恩格斯一生的言行表明,他们没有违背自己的诺言,而是视真实性为生命,严肃地、一丝不苟地遵循新闻工作这一重要原则的规范。

## 三、新闻真实性的基本要求

根据唯物主义认识论原理,新闻活动首先属于认识活动,其形成的新闻报道是一种认识结果,所以新闻真实属于认识论意义上的真实。正是在这个意义上,新闻真实被认为是指新闻与其反映对象是否符合,符合就是真实的;不符合就是不真实的。新闻的客观性原则是确保新闻报道可信和公正的核心手段,是实现新闻真实的基本途径。客观报道是可能的,但客观性是有限度的,新闻传播必然受到报道者自身和时代的制约。传播主体在新闻传播过程中表达倾向是普遍的,以合理的方式表达合理的倾向是媒体的职责和义务,但要取得大众的认可和信任,并发挥舆论导向作用。因此,新闻活动要向社会公众提供全面的而不是片面的、整体的而不是零星的事实和意见。

马克思和恩格斯曾提出"完整地揭示全部事实""历史的真实""理论的真实"等概念。他们认为,一个记者,一张报纸,只能反映一部分事实。但是,通过报纸的有机运动,即报纸通过分工——不是由一个人做全部工作,而是由这个人数众多的团体中的每一个成员担负一件不大的工作——一步一步地弄清全部事实,从而给人一种整体的真实感。所谓历史的真实,即相反的意见经过争论,相互矛盾的论断经过交锋,从正反两个方面互为佐证,经过多方验

① 《马克思恩格斯全集》第 41 卷,人民出版社 1982 年版,第 204—205 页。

证的真实，即为历史的真实。所谓理论的真实性，指的是结论来自事实，理论以事实为根据。历史的真实和理论的真实，是马克思和恩格斯对真实性提出的更高层次的要求。

列宁也曾指出，在社会现象方面，没有比胡乱抽出一些个别事实和玩弄实例更普遍更站不住脚的方法了。罗列一般例子是毫不费劲的，但这是没有任何意义的或者完全起相反的作用，因为在具体的历史情况下，一切事情都有它个别的情况。因此，苏联共产党党报理论中关于真实性，指的是报纸应当坚持以事实为根据，不仅所写的材料与事实相符，而且要对事实、现象和事件作出正确的解释，并根据党的政策加以报道。党报的使命是向读者吐露真情，凭真理办事①。

中国共产党在领导新闻宣传工作中，坚持实事求是的思想路线，为实现真实、客观、公正的新闻传播提出了一系列理念和方法。刘少奇 1956 年 5 月 28 日对新华社工作指示中，曾提出“客观、真实、公正、全面”的“八字方针”。他认为，新华社要成为世界性通讯社，新华社的新闻就必须是客观的、真实的、公正的、全面的，同时必须是有立场的；和其他通讯社相比，尽管观点不一样，但是新闻报道是客观的、真实的、公正的、全面的，就能在世界上建立威信；如果我们不敢强调客观的、真实的报道，只强调立场，我们的报道就有主观主义，有片面性。1989 年 11 月 28 日，江泽民在中共中央宣传部举办的新闻工作研讨班的讲话中指出，坚持真实报道，尤其要注意和善于从总体上、本质上以及发展趋势上去把握事物的真实性②。这些原则要求提升了新闻传播的层次和境界，强化了新闻

① 参见奥科罗科夫：《列宁与党的报刊》，《列宁论报刊与新闻写作》，新华出版社 1983 年版，第 11—18 页。

② 江泽民：《关于党的新闻工作的几个问题》，《人民日报》1989 年 11 月 28 日。

传播的理性精神，提高了对新闻媒体和新闻传播主体的要求。

如何把握新闻真实性的内涵？目前，新闻业界和学界已经形成颇为一致的意见，即新闻真实是微观真实和宏观真实的统一。微观真实指具体事实的真实、新闻要素的真实，通常指向具体的报道和报道的细节，更多地体现在具体的稿件中：新闻报道中相关新闻事件的主要新闻要素，如时间、地点、人物、事件、原因，要引之有据，确凿可靠；不仅新闻要素准确可靠，而且对这些要素的细节描绘，也要有根有据，不允许有丝毫“合理想象”“笔下生花”；新闻报道中引用的数据和资料，要有可靠的来源，必要时要作明确的交代。宏观真实指总体的真实、本质的真实，涉及对事实本质的认识与全部事实的科学把握，更多地体现在报道内容的选取、报道方向的把握上。微观真实是宏观真实的基础，宏观真实是微观真实的本质体现。

把握新闻真实性原则，要求新闻报道真实地反映客观存在，正确认识和掌握好微观真实与宏观真实的关系。优秀的新闻作品，不仅要真实准确地报道单个事实，而且要努力做到总体的真实，正确认识主流和支流、成绩和问题、全局和局部的关系，反映新闻事件的本质、主流和发展方向。为此，新闻工作者必须做更为深入的调查与分析，兼顾对社会生活的总体认识，把握正反两方面的平衡，科学调控信息流量，以及对传播伦理的道德考量。

## 四、把握新闻宣传工作主动权

广义的宣传是运用各种符号，通过事实或观点的传播以引导接受者态度、影响接受者行为的一种社会性传播活动。现代意义上的“宣传”概念，源于1622年罗马天主教皇创立的“信仰宣传委员会”，当时该会简称为宣传(propaganda)，意思是通过各种文字、语言符号传播教义。现在常常在政治传播中使用,因而使用得最多的是政府或政治团体。

新闻与宣传联系在一起,是因为二者有很强的联系。新闻传播可以通过对客观事实的报道和评论,引起人们对某一事件的普遍重视,形成人们关注的焦点,使受众或主动或被动接受传播主体的观点;新闻传播还可以通过控制报道和评论的比例与数量,引领正确的或有利的意见,抑制错误的或不利的意见,进而形成主导性意见或态度。新闻与宣传由于都是传播行为,可以相互渗透,相互交叉。新闻中可以夹杂宣传的成分,宣传有时也以传播新闻的形式进行。在具体的操作层面,新闻要真实,即使作为宣传,所讲述的事实也应当是真实的。

马克思和恩格斯从来不把宣传看作是一种孤立的社会行为,而总是将社会环境、社会事件与之联系起来考察,特别对政治宣传更是如此。他们认为,宣传时机的掌握与对环境的分析是紧密相关的。1870 年普法战争爆发,凭着对国际局势的多年研究,马克思认为,这是一次极好的宣传时机,他毅然中断手头的研究工作,投身实际的政治宣传中,与恩格斯合写了两篇关于战争的国际工人协会宣言,为协会赢得了声誉。

十月革命胜利后,每当平叛战役告一段落,列宁马上就要求报刊重新将生产宣传置于工作的第一位,无论是党的机关报还是通俗报刊,均将生产宣传作为主要的报道内容。他要求把《真理报》和《消息报》改成生产性比政治性更强的机关报,并引导俄国的所有报纸作同样的改变,减少政治方面的篇幅,扩大生产宣传。为了保证这种宣传的有效性,列宁还要求工程师、农艺师和有专长的苏维埃机关工作人员参加生产宣传,担任评论家。在新经济建设时期,调动所有的报纸,集中版面,对一些重大经济建设方针或某个经济领域的问题进行宣传。同时，在不同报纸间展开生产宣传的竞赛。列宁关于无产阶级取得政权后党和苏维埃报刊工作的经验，是马克思主义新闻学的重要组成部分。

毛泽东的新闻和宣传思想与他从事的革命活动紧密相关，是从中国革命的实际中产生的。1942 年 2 月，他在《反对党八股》的演讲中说："什么是宣传家？不但教员是宣传家，新闻记者是宣传家，文艺作者是宣传家，我们的一切工作干部也都是宣传家。"①毛泽东认为，一个人只要对别人讲话，就是在做宣传。宣传的目的在于说服人，在这个意义上，新闻记者是职业的宣传家。鉴于党和人民的利益是一致的，党没有必要隐瞒自己的观点，惧怕任何严峻的事实，党的宣传内容应该是真实的。他常常这样告诫全党："我们要在人民群众中间，广泛地进行宣传教育工作，使人民认识到中国的真实情况和动向，对于自己的力量具备信心。"②他不赞成只向人民讲有利条件的一面，主张要向群众公开说明可能遇到的不利情况，这就是他所说的"倒宣传"③。关于如何选择新闻发表的策略，毛泽东提出著名的"新闻、旧闻、无闻"的观点。这些经验和做法在革命战争时期指导新闻媒介，发挥了巨大的宣传鼓动作用，有力地推动了中国共产党新闻事业的发展。

中国共产党历来重视思想宣传，重视用事实和评论鼓舞人、引导人，也有很多好作品、好经验和好传统。不过，随着互联网带来的社会结构和媒介生态的深刻变革，"我说你听"的时代一去不复返，新闻宣传主动权面临着巨大挑战。2013 年 11 月 9 日，习近平在中共十八届三中全会第一次全体会议上的讲话中提出，要积极

① 《毛泽东选集》第 3 卷，人民出版社 1991 年版，第 795 页。
② 《毛泽东选集》第 4 卷，人民出版社 1991 年版，第 1131 页。
③ 《毛泽东选集》第 6 卷，人民出版社 1999 年版，第 449 页。

推进理念创新、手段创新、基层工作创新，特别要把握好舆论引导的时、度、效。要引导人们全面客观认识当代中国、看待外部世界，增强中国特色社会主义道路自信、理论自信、制度自信。要明确责任、形成合力，全党动手抓宣传思想工作，做到守土有责、守土负责、守土尽责，及时发现和解决宣传思想领域出现的重大问题。告别“宣传本位”，在继承传统的基础上，新闻宣传工作必须契合时代需求，更具传播力和引领力，才能更好地发挥激浊扬清、凝聚共识、服务社会的作用。

伴随信息传播全球化和中国国际地位的提升，积极参与国际舆论话语权竞争，提升中国国际形象和影响力，成为一项重要任务。2013 年 12 月 30 日，习近平在中央政治局就提高国家文化软实力研究举行的第十二次集体学习时指出，提高国家文化软实力，要努力提高国际话语权。要加强国际传播能力建设，精心构建对外话语体系，发挥好新兴媒体作用，增强对外话语的创造力、感召力、公信力，讲好中国故事，传播好中国声音，阐释好中国特色。在无远弗届的信息时代，无论是内宣还是外宣，都要放在全球的大背景中观察，放在中国的现实语境里考量，这样的宣传报道才能有理性而持久的力量，才能成为党和国家治国理政的重要手段和资源。

## 五、尊重新闻传播规律

马克思认为，“要使报刊完成自己的使命，首先必须不从外部为它规定任何使命，必须承认它具有连植物也具有的那种通常为人们所承认的东西，即承认它具有自己的内在规律，这些规律是它所不应该而且也不可能任意摆脱的”①。新闻传播规律具有普遍

① 参见《马克思恩格斯全集》第 1 卷，人民出版社 1995 年第 2 版，第 397 页。

性，存在于、作用于所有新闻传播活动、新闻传播过程，是否认识、承认、遵循和实践新闻传播规律，关系到新闻工作的得失成败。

新闻传播规律是存在于新闻传播过程和大众传媒发展过程中的客观法则。新闻传播通常是由传播者、收受者、传播媒介和传播内容四大要素构成的，因而，新闻传播规律就蕴含在这四大要素的相互关系、相互作用之中。新闻传播规律有一定的稳定性，比如在中西方社会语境中，对新闻价值规律的理解基本相同，即新鲜性、重要性、接近性、显著性、趣味性等。然而，作为规律体系中的一种规律，新闻传播规律具有任何规律都具有的客观性，会随着社会环境的深刻变革、传播技术的快速发展不断变化，需要人们在新闻传播实践中不断去探索认知，并积极主动遵循、运用。

在马克思、恩格斯的报刊活动经历中，他们分别研究和阐述了民主报刊、工人报刊和党的报刊的内在逻辑联系和不同的社会使命，并对新闻传播的性质和特点进行了探讨。列宁在建党和领导社会主义建设实践期间，对报刊在新的历史时期性质与功能的变化进行过积极探索。在毛泽东早年的报刊实践中，因组织讨论女子逼婚自杀事件，而总结出“傍着活事件来讨论”的报道方式，也是一种符合新闻传播规律的有效做法。新的历史条件下，中国共产党多次提出，新闻宣传工作必须不断发展创新，要坚持用时代要求审视新闻宣传工作，创新观念、创新内容、创新形式、创新方法、创新手段，努力使新闻宣传工作体现时代性、把握规律性、富于创造性，不断提高舆论引导的权威性、公信力、影响力。

新闻传播规律具有一定的特殊性，不同技术条件、不同规模、不同受众的新闻传播活动、新闻传播过程中，有不同的具体表现形式。关于新兴媒体的传播规律，习近平在 2014 年 2 月 27 日主持召开的中央网络安全和信息化领导小组第一次会议就谈道：“做好网上舆论工作是一项长期任务，要创新改进网上宣传，运用网络传播规律，弘扬主旋律，激发正能量，大力培育和践行社会主义核心价值观，把握好网上舆论引导的时、度、效，使网络空间清朗起来。”在这里，他不仅提出新兴媒体传播规律这个问题，并将把握好“时、度、效”的传播规律要求延伸到了网络。

2014 年 8 月 18 日，习近平主持召开中央全面深化改革领导小组第四次会议时表示，未来一段时间，要进一步推动传统媒体和新兴媒体融合发展，要遵循新闻传播规律和新兴媒体发展规律，强化互联网思维，坚持传统媒体和新兴媒体优势互补、一体发展，坚持先进技术为支撑、内容建设为根本，推动传统媒体和新兴媒体在内容、渠道、平台、经营、管理等方面的深度融合，着力打造一批形态多样、手段先进、具有竞争力的新型主流媒体，建成几家拥有强大实力和传播力、公信力、影响力的新型媒体集团，形成立体多样、融合发展的现代传播体系。习近平在讲话中明确提出“遵循新闻传播规律和新兴媒体发展规律”，这一论述是对马克思恩格斯关于报刊工作规律性论述的直接继承，并将新闻宣传工作的切入点和着力点摆在突出位置，强调新闻宣传工作对外部环境的感应。

“因势而谋，应势而动，顺势而为”，认真研究新闻传播的现状和趋势，是新闻传播工作需要直面并认真思考的现实课题。在信息同步传播的网络时代，必须适应新兴媒体即时和海量传播、平等和互动交流的特点，改变单向传播、受众被动接受的方式，注重用户体验，满足多样化和个性化的信息需求。随着大数据和云计算的完善普及，更要善于借助技术平台，拓展移动终端，扩大传播覆盖。同时，要深入研究各类受众群体的心理特点和接受习惯，增强议题设置能力和舆情分析，增加透明度，变革新闻语态，做优做强内容资源。唯其如此，才能在竞争中脱颖而出，扩大关注，抢占舆论制高点。

## 六、反对虚假报道，捍卫真实性原则

马克思和恩格斯曾深刻地揭示了不真实报道的本质和产生的原因。他们指出，“不真实的思想必然地、不由自主地要捏造不真实的事实，即歪曲真相、制造谎言”①。马克思分析过“庸俗的职业报人的本色”，这就是：事物本身只是供他动笔杆耍嘴皮的因由，除了对高官厚禄和自我炫耀的渴求以外，这种人身上没有任何真实的东西。一次他在批评《泰晤士报》时指出，混淆事实也许是热情狂发时干的事，但篡改事实似乎只有冷静的头脑才能做到。在马克思和恩格斯看来，故意失实和篡改事实的原因，主要是利己主义和阶级偏见。

为维护新闻报道真实性，马克思和恩格斯认为必须立法和遵循新闻工作的“惯例”。在谈到保护真实消息来源的问题时，他们提出要制定出版法，规定这方面的法律条文。在新闻工作中，他们主张实行这样的“惯例”，撰稿人对他们所报道的事实的准确性负责，编辑部应负发表的责任。不管是政府还是政党，都应遵循这种法律，恪守这样的新闻业“惯例”。

真实是新闻传媒公信力所在，有公信力才会有引导力。早在解放战争时期，新闻战线就曾开展过著名的反“客里空”运动，以维护新闻宣传的真实性原则。“客里空”这个人物形象出自前苏联作家考涅楚克的话剧《前线》，是一个惯于弄虚作假、吹牛拍马的战地特派记者。1947 年下半年，中共中央晋绥分局机关报《晋绥日报》为了革除报纸存在的弊病，以适应第三次国内革命战争和土地改

① 参见《马克思恩格斯全集》第 1 卷，人民出版社 1995 年第 2 版，第 415 页。

革形势发展的需要，节载剧本《前线》描写“客里空”的部分章节，呼吁编者、记者严格揭露与检查采访、编写中的“客里空”作风。该报在《不真实新闻与“客里空”之揭露》的标题下，连续编发读者的反映和报社的调查材料。同时，公开检查土地改革前期宣传中的失实报道，分析导致报道失实的不良思想作风和原因，引发了有关反“客里空”的热烈讨论。这场大讨论，发扬了中国共产党批评与自我批评的传统，检查纠正了新闻宣传失实的现象，克服了土改宣传中的左右倾向，提高了新闻工作者的政治素质，保证了中国共产党新闻宣传工作的健康发展。

对于任何一位新闻从业人员来说，捍卫新闻真实是必须恪守的职业底线。近年来，尽管中宣部、新闻出版广电总局等主管部门不断加大对虚假新闻的惩治力度，但假新闻、新闻失实等现象仍时有耳闻。这不仅对新闻当事方造成了名誉、财产等损失，也影响了传媒公信力甚至新闻界整体的声誉。就社会反映强烈的破坏媒体公信力的现象而言，主要有以下几个方面：一是虚假新闻，直接影响到社会公众的现实生活和正常判断，导致媒体失信于民；二是有偿新闻，将国家和社会赋予新闻机构传播新闻的权利同金钱进行非法交易，导致新闻队伍被腐蚀，不正之风在新闻界蔓延；三是炒作新闻，置新闻规律于不顾，盲目追求“卖点”，导致新闻报道被异化，新闻价值观被扭曲；四是不良广告，虚假违法、粗制滥造的广告，既损害广大消费者的合法权益，又损害社会公众的身心健康，污染社会风气。

对于新闻职业道德规范，国内目前已经有了一定的规制，如持有《新闻记者证》的新闻从业者，须具备大学专科以上学历，在新闻机构编制内从事新闻采编工作，或经新闻机构正式聘用从事新闻采编工作且连续聘用时间已达一年以上；建立“全国新闻记者证管理及核验系统”，实现对全国记者证的科学管理；对社会公众提供记者身份查验的便捷方式，便于社会监督，等等。但一些新闻从业人员的专业意识还比较薄弱，表现在专业资格的获取不合规定，文化积累和专业技能训练的动力不足、考核评判的道德强调不够，等等，因此努力将新闻专业主义内化于职业意识中，即以诚信传播为基础，以业务提升为抓手，将外在条件内化为认知尺度和自律准则，是重塑传媒形象和公信力的重要举措。

法治规范的形成需要支付相应的代价或成本，即需要相应的惩罚系统。如果有从业者不服从规范，必须对其进行惩罚，只有这样，规范方能行之有效。我国对信息传播的条例监督并不缺乏，但在制度功能上尚待成熟，一些重要命题如约束的目标是什么、以什么方式实现、如何发挥惩戒效力等，还须进一步明确。

法律法规体系的建构目的不是为了限制新闻传媒发展，而是要维护新闻传播的正常秩序，保障国家、社会和个人的合法权益，这是确保新闻传媒长久公信力的外在力量。以我国互联网发展为例，相关法规的出台往往滞后于网络舆情的实际发展，根据现实发展的需要，结合网络技术的开发创新，不断修订、完善既有法规，已成为当务之急，而新的法规条令的讨论、制定和出台，也要尽力考虑网络发展带来的新问题。

在纷繁复杂的网络社会，不能单纯地依靠一两个简单的方法或举措，一劳永逸地解决问题。杜绝虚假新闻、提升传媒公信力是一个系统工程，必须积极稳妥地推进党风和政风建设，切实提高执政党的执政能力和政府行政水平；增强新闻从业者的责任感和使命感，树立高尚的职业理想和科学的新闻价值观，确保新闻队伍的专业性；改革和完善新闻单位的内部管理机制，实现新闻传播的科学化、人本化；优化行业自律和社会监督机制，树立新闻传媒良好的社会形象和社会信誉;加强法治法规建设,改革和完善责任追究制,为杜绝虚假新闻、提升传媒公信力奠定坚实的法律基础,形成有力的长效治理机制等。只有不断完善健全相关法律制度,形成一整套严密的规范体系,才能有效防范公信力的丧失,维护新闻传媒的声誉。

# 第五章　舆论引导和舆论监督

新闻传播事业作为一种阶级的舆论工具，不仅有阶级性，而且有舆论性。在阶级社会中，舆论是经济地位和社会地位相同或相近的人们对一件事情的一致态度。新闻传媒面向社会公众，把人们的呼声反映出来，并依据这些呼声发表意见，成为一定社会舆论的反映者和表达者，因而新闻传播事业又是一种舆论工具，具有舆论性。

社会公众中有各种各样的舆论。新闻传媒通过自己的新闻报道和新闻评论，将公众中分散的、无组织的舆论，根据某种需要进行选择和梳理，公开发表，使之成为集中的、有组织的舆论，这种舆论即为新闻舆论，它同新闻传媒所持的立场和利益大致上是一致的。新闻舆论比分散的、无组织的、通常自生自灭的舆论，影响广泛深刻，覆盖面大，常常显示出巨大的力量。新闻传播事业的这种引导和影响舆论的功能和作用，使它成为一种重要的思想武器。

监督环境、监督政府是新闻传播事业服务社会的又一个重要内容。马克思说过："报刊按其使命来说，是社会的捍卫者，是针对当权者的孜孜不倦的揭露者，是无处不在的耳目，是热情维护自己自由的人民精神的千呼万应的喉舌。"①报刊的这种监督，是社会舆

---

① 《马克思恩格斯全集》第6卷，人民出版社1961年第1版，第275页。

论特别是新闻舆论影响环境、影响政府的重要功能。因此，有力的舆论监督是使新闻传媒成为重要思想武器的又一个重要方面。

引导舆论和监督舆论的前提是保障社会舆论的主体民众享有充分的舆论表达的权利。因此，充分的知情权和表达权，是当代民主社会建设的重要内容。马克思主义新闻观对此有全面和深入的论述。

本章内容的重点是马克思主义新闻观关于舆论引导、舆论监督的论述和两者和谐共进必须完善的一些举措。

## 一、舆论引导

舆论环境作为一种软环境，是社会环境的重要组成部分。在高度发达的媒介化社会中，由无数媒体编织而成的舆论环境，对于社会的良性运行不可或缺。尤其在当下的中国社会，正处在社会转型的深水区，社会热点事件频频发生，不断点燃舆论"引线"，致使舆论场波澜起伏，舆论风险不断升级，迫使舆论引导和舆论管理方式转型和改进。

舆论引导是马克思主义新闻观的重要内容。马克思主义奠基人马克思和恩格斯指出，舆论反映了"公众心理的一般状态"[①]，而社会舆论是一种"普遍的、隐蔽的和强制的力量"[②]。因此，他们认为，在德国，影响舆论的工作具有革命的意义，因为"争夺对德国舆论的统治地位即争夺对德国本身的统治地位"[③]。他们认为，报刊的责任正是代表社会舆论、反映社会舆论、表达社会舆论，而各种不同的舆论，也会找到相应的报刊作为自己的载体。马克思指出，

---

① 《马克思恩格斯全集》第 12 卷，人民出版社 1962 年第 1 版，第 658 页。
② 《马克思恩格斯全集》第 1 卷，人民出版社 1995 年第 2 版，第 385 页。
③ 《马克思恩格斯全集》第 41 卷，人民出版社 1982 年第 1 版，第 197 页。

“具有各种各样色彩和深刻矛盾的舆论，它会找到相应的报刊”①。恩格斯则以自己的经验表示要主动地去控制舆论，他说，“我们供给一切自由派报纸以必需的材料，从而把它们变成了我们的喉舌。我们向全国散发了各种小册子，并且很快就在各个问题上控制了社会舆论”②。

马克思和恩格斯认为，报刊的一般性质就是表达社会舆论的广泛和敏感：报刊时刻做好经常的战斗准备，并且总是满怀对于这种急需报道的耸人听闻的当前问题的热情关心。马克思指出，报刊不仅是“社会舆论的产物，同样地，它也制造这种社会舆论”③。

列宁认为保障公民的舆论表达权是社会主义革命的成果之一，新政权应当为此而努力。他强调，只有让每个党员，每个公民能够对党和政府的决议进行充分的讨论，提出异议，“才能形成我们党的真正的公众舆论”④。他认为，党内生活的准则必须坚持行动一致，批评自由。列宁还主张利用党的报刊开展公开的争论和论战，以推动党内广泛的思想交流。他主编报纸的时候，甚至主动征求不同的意见和有争议的观点在报纸上发表，以期引起公开争论，通过这种公开的争论达到统一思想的目的。列宁还特别强调，无论是政府还是经济组织，都必须接受人民群众的监督和批评。他说：“我们希望政府时刻受到本国舆论的监督。”⑤

毛泽东高度重视社会舆论和新闻舆论工作。他说，夺取政权靠“两杆子”（枪杆子和笔杆子），巩固政权也要靠“两杆子”。他提

---

① 《马克思恩格斯全集》第50卷，人民出版社1985年第1版，第509页。
② 《马克思恩格斯全集》第1卷，人民出版社1956年第1版，第589—590页。第2版没有收录该文。
③ 《马克思恩格斯全集》第40卷，人民出版社1982年第1版，第304页。
④ 《列宁全集》第13卷，人民出版社1987年第2版，第13页。
⑤ 《列宁全集》第33卷，人民出版社1985年第2版，第14页。

出“舆论一律又不一律”的舆论工作管理方针。他将只许反动分子规规矩矩,不许他们乱说乱动的政策叫做“舆论一律”。而在人民内部,他主张实行舆论不一律的政策,即人民群众应该享有充分的言论出版自由,享有批评的自由,发表各种不同意见的自由,宣传有神论和无神论(即唯物论)的自由,允许先进的人们和落后的人们自由利用我们的报纸、刊物、讲坛等去竞赛,以期由先进的人们以民主和说服的方法去教育落后的人们,克服落后的思想和制度。

邓小平在推进社会主义民主建设中,要求新闻舆论媒介积极地引导舆论,成为国家安定团结的思想中心。他说,新闻舆论可以产生巨大的影响。舆论工作如果出了大的偏差,可能助长不安定因素的发展。在对外宣传中,邓小平要求新闻宣传必须实事求是,留有余地。过头的话不要讲,过头的事不要做,对重大的国际事变,要冷静观察,稳住阵脚,沉着应付,埋头苦干。西方的一些舆论压我们,我们要泰然处之,不受他们的挑动。他要求实施舆论监督,推进社会主义民主和社会主义法制建设。他强调,党的组织和共产党员必须接受党的监督和群众监督,报刊监督是其中有效的实施途径。他还要求通过发扬小民主的办法,来避免大民主,因此要让群众有说话的地方,有出气的地方,有申诉的地方。

江泽民高度重视舆论导向的重要性。他说,舆论导向正确,是党和人民之福;舆论导向错误,是党和人民之祸。党领导的新闻传媒,必须按照党和人民的意愿、利益正确地引导舆论,要用正确的舆论引导人。他还提出了坚持正确舆论导向的五个标准。

胡锦涛提出了以人为本的新闻舆论工作宗旨。他说,新闻舆论工作说到底是做人的工作,必须坚持以人为本。既要坚持教育人、引导人、鼓舞人、鞭策人,又要做到尊重人、理解人、关心人、帮助人。必须增强新闻报道的亲和力、吸引力和感染力。为确保舆论引导有新成就，就要发扬求真务实的精神，坚持讲真话、报实情，实事求是地反映情况，坚决反对弄虚作假。他提出"贴近实际、贴近生活、贴近群众"的新闻舆论工作方针。他要求公开报道突发事件，作为保障公民知情权的重要体现。他提出要重视新媒体的作用，努力形成网上正面舆论强势。他要求加强和改进新闻舆论监督，正确处理好官方舆论场、民间舆论场和海外舆论场的关系，以"最大公约数"的方法突出其中最有价值的信息。

习近平主政党中央工作以来，在新闻舆论工作上下了很大工夫。他强调党管媒体的原则，要求一切舆论工具都在党的领导下运作。他指出新闻舆论工作的党性和人民性历来是一致的、统一的。他提出要把坚持新闻传媒的社会责任放在首位，建立媒体社会责任报告制度，并对媒体的社会效益和经济效益提出了量化的规定。他提出传统媒体和新兴媒体要融合一体发展，要建设一批新型主流媒体和传媒集团。他对进一步改变"西强我弱"的国际舆论格局提出了明确要求，采取了有力举措。自党的十八大以来，中国共产党在保障和提升舆论表达、舆论引导和舆论监督的水平方面做了许多工作，相关的理论建设和规范建构有了一定的进步。

在最近召开的党的新闻舆论工作座谈会上，习近平对坚持党性原则和坚持政治方向第一提出了全面要求。他说，在新的时代条件下，党的新闻舆论工作的职责和使命是：高举旗帜、引领导向，围绕中心、服务大局，团结人民、鼓舞士气，成风化人、凝心聚力，澄清谬误、明辨是非，连接中外、沟通世界。要承担起这个职责和使命，必须把政治方向摆在第一位，牢牢坚持党性原则，牢牢坚持马克思主义新闻观，牢牢坚持正确舆论导向，牢牢坚持正面宣传为主。

## 二、舆论监督

广义的舆论监督泛指公共舆论对社会上所有不良现象的监督。舆论监督的主体是公众，而监督的对象是社会上的一切不合理现象。狭义的舆论监督有两种理解：一种是公众通过在公共论坛的自由空间所抒发的舆论力量对政府机构及其官员滥用权力等不当行为的监督与制约，即公众通过舆论对权力机构及其工作人员、对社会公众人物（政治家、文学艺术家、演员、有意面向社会的企业家和其他社会活动家，其中也应包括记者）自由表达的看法。公众表达的内容可以是赞扬、建议，也可能是批评。这是舆论学范畴的舆论监督。另外一种理解：特指公众通过大众传媒对权力机构和其工作人员以及社会公众人物的看法和意见。表达的主要形式是批评。

有学者认为，在中国，由于舆论监督主要通过大众传媒渠道，监督的形式又主要以批评为主，因而这个概念演变成了大众传媒的批评报道。报道中包括公众通过媒体反映的意见，也包括不是公众反映的，由媒体自己发现的问题和表达的意见。新闻与舆论本来是有联系的两种不同信息形态，但是现在“新闻舆论”变成了一个同位语词组在社会语言中流通，因而“舆论监督”这个词汇在许多人看来，实际上几乎等同于大众传媒的监督，简称“媒体监督”或“新闻监督”①。舆论监督和媒体监督这两个词的内涵，有较大的交叉部分，现在基本合一到“媒体监督”这个相对狭窄的内涵上。即使媒体监督，本来应该把对监督对象的赞扬和工作建议也看作一种监督形式，由于现实生活中人们已经只把批评（曝光）视为是

① 陈力丹、郭镇之：《关于舆论监督的访谈》，《现代传播》2000年第4期。

监督，所以实际上当谈到媒体监督时，通常特指批评报道。舆论监督的合法性来自宪法赋予公民的表达权利。在具体实践中，舆论监督的实际主体则是媒体，而媒体舆论监督的权利则来自公众，公民将舆论监督权利让渡给媒体，才有媒体舆论监督的合法性。

在马克思主义新闻观中，舆论监督主要被理解为媒体的批评功能。在马克思恩格斯的自由报刊、工人报刊和党报理论中，报刊的批评功能均得到重视和强调。在马克思恩格斯早期自由报刊和工人报刊思想中，报刊的批评锋芒多指向反动当局。比如，在《新莱茵报》审判案中，马克思为报纸辩护道："报刊按其使命来说，是社会的捍卫者，是针对当权者的孜孜不倦的揭露者，是无处不在的耳目，是热情维护自己自由的人民精神的千呼万应的喉舌。"这是"耳目""喉舌"论的历史本源。在马克思恩格斯的党报理论中，他们在继续主张党报开展对反动当局揭露的同时，强调把公开监督党的领导人作为党报的一种神圣职责①。

在中国语境下，舆论监督带有鲜明的中国特色。它是中国经验和智慧的产物，也是中国共产党执政经验的体现。从 1949 年新中国成立至 1956 年的最初 7 年，中国共产党和毛泽东除了把大众传媒视为发布政令最好的渠道之外，尤其重视传媒监督执政党的反腐倡廉工作的功能。1954 年 4 月，毛泽东在对胡乔木的谈话中提出，报纸上的批评要实行"开、好、管"的方针。"开，就是要开展批评"；"好，就是开展得好"；"管，就是要把这件事管起来"②。1950 年 4 月 19 日，由毛泽东亲自改定，中共中央颁布了《关于在报纸刊物上展开批评和自我批评的决定》。这个文件一开头就明确指出：

---

① 童兵：《马克思主义新闻经典教程》，复旦大学出版社 2011 年第 2 版，第 108 页。
② 《毛泽东新闻工作文选》，新华出版社 1983 年版，第 177 页。

“吸引人民群众在报纸刊物上公开地批评我们工作中的缺点和错误,并教育党员,特别是党的干部在报纸刊物上作关于这些缺点和错误的自我批评,在今天是更加突出地重要起来了。因为今天大陆上的战争已经结束,我们的党已经领导着全国的政权,我们工作中的缺点和错误很容易危害广大人民的利益,而由于政权领导者的地位、领导者威信的提高,就容易产生骄傲情绪,在党内党外拒绝批评,压制批评。由于这些新的情况的产生,如果我们对于我们党的人民政府的及所有经济机关和群众团体的缺点和错误,不能公开地及时地在全党和广大人民中展开批评与自我批评,我们就要被严重的官僚主义所毒害,不能完成新中国的建设任务。由于这样的原因,中共中央特决定:在一切公开的场合,在人民群众中,特别在报纸刊物上展开对我们工作中一切错误和缺点的批评与自我批评。”这个文件突出地表明,中国共产党执掌全国政权以后,自觉地利用大众传媒来清除自己肌体上的弊端,以永葆执政党的健康与活力①。1950 年 4 月 21 日,毛泽东同李维汉、徐冰的谈话中说道:“现在有人有好多气没有机会出,要让他们出,除了泄密的、破坏性的,都让人家说。所以,政治局最近通过了一个在报纸上展开批评和自我批评的决定。”“我们要有气魄,不怕骂,只要君子动口不动手。不让讲话就会闹宗派主义,党内也一样。”②

我国的媒体监督是作为党和政府领导、管理职能的一种延伸与补充发挥作用的,也就是说,媒体监督一定程度上被看作一种“权力”,而不是“权利”。理论上讲,在中国,权利和权力是辩证统

---

① 童兵:《大众传媒的使用与驾驭:执政能力的重要标示》,《中国人民大学学报》2006 年第 1 期。

② 中共中央文献研究室编:《毛泽东传(1949—1976)》(上),中央文献出版社 2003 年版,第 19—20 页。

一的。媒体是连接党和人民的通道，媒体既是党的喉舌，也是人民的喉舌。传媒监督的正当性来自公民所享有的言论出版自由权利，传媒作为公民知晓信息和发表意见的公开平台，代行公民舆论监督的职责。但在具体语境下，在不同的时空情境中，媒体发挥舆论监督功能还受到一定的局限。由于中国媒体的身份和角色认同存在冲突，致使舆论监督的存在身份尴尬。一方面，“舆论监督”不能不借助于党的指示精神或者某一时期需要推动工作；另一方面，媒体又希望通过合适机会，扩大自主空间，以追求更大的作为。按照其身份，媒体只能在既定的范围内发挥自己的主观能动性。对舆论监督的这种特殊界定，是与我国独特的媒体制度有关。有研究者作过这样的解释：公民有自由，媒体归国家。媒体都实行国有制，都直接或间接隶属于一定的党政机关，是国家政权体制内的机构，在新闻批评方面实行这些制度是理所当然的。由此可见，学理上的舆论监督同实际上运行的媒体舆论监督是存在区别的，不仅在于后者被简缩为新闻批评，并不具有前者的广泛含义，更在于两者所体现的法律关系是不同的。前者反映了民众同国家政权之间的关系，这种关系由宪法来界定。后者只是体现了国家政权体制内部的关系，这种关系主要由党和政府的纪律来界定①。

政治纠错和政治监督被认为是政治文明发达程度的重要标志，大众媒体作为公共信息的主要传播工具，理所当然成为政治监督和纠错的主要体制外力量。政治监督的前提离不开知情权与表达权，可以说，没有公开和透明就没有知情权，而大众传媒是公众了解各种社会事务的重要途径。大众传媒可以使社会事务透明

① 魏永征：《舆论监督和媒体舆论监督是不同的概念》，魏永征的博客，2007年6月14日。

化，可以帮助受众行使知情权。所以，大众传媒被称为是打破政治神秘主义的天然杀手，是“打开政府抽屉的卫道士”。对于权力和腐败进行必要监督构成了政治监督的主要内容。进入现代社会后，除了法制的健全、政体的完善、公民社会的发展，大众传媒成了政治监督常见的方式。在转型社会中，大众传媒担负着对社会系统和政治系统运转的双重监督职能，对社会系统的监督体现在弘扬传统文化和价值观、倡导主流理想和生活观念、监督监测有损社会风气和道德风尚的思想和行为。而政治监督则是根据党和政府的要求，对党和各级行政部门及人员进行监督，防止腐败和滥用职权等行为的发生。舆论监督的实质即所代行的主要是公民所享有的法律权利中的表达权利和政治权利中的反对权利，所维护的则是所有的公民权利①。有研究者认为，作为以权力制约权力的监督体制外的一种社会监督方式，充分遵循自主负责精神的媒体监督在影响社会舆论的强度、效度方面，在接触社会并获得信息的深度、广度、快捷、客观与技巧等方面，在利益关系的相对独立方面，都是其他任何一种以权力监督权力或以权利监督权力的监督方式所不能取代的。一种监督是否有效，取决于它是否易于被它所监督的对象“消化”，拒绝“消化”的秉性越突出，监督效能就越高。大众传媒在总体上就是这种抗“消化”能力强的监督手段②。对于中国媒体而言，舆论监督一直就是大众传媒的核心功能之一。执政党利用媒体这一特殊执政资源，对公权力进行监督，是执政党的一贯传统。媒体在中国当代政治和社会实践中的特殊角色和身份，决定了媒体“舆论监督”的硬度和边界。

---

① 周武军：《大众传媒的政治功能》，《社会科学战线》2008年第10期。
② 丁柏铨：《执政党与大众传媒》，江苏人民出版社2010年版，第53页。

## 三、新时期舆论运作的新态势

改革开放30多年来，由于社会转型、信息公开政策的实施以及互联网技术的迅猛发展，使得以舆论引导和舆论监督两大功能为特色的中国社会舆论的运作出现了一系列新的变动，呈现出新的舆论态势。

*1. 社会转型激发了舆论运作的活力*

社会环境的开放与社会主体的解放，使中国当下的舆论表达机制为之一变。在封闭社会里，人们的表达意识处于蒙昧状态，即便人们有表达冲动也面临表达的风险。加之，在封闭社会中，人们的表达能力很弱，表达空间很小。改革与开放破除了社会的封闭性，打破了民众的集体蒙昧。社会舆论表达渐渐活跃起来，呈现出新的发展态势。在当下的社会语境下，中国正处在社会转型的关键时期，是各种社会问题和矛盾的多发期。这一时期，迫切需要媒体发挥舆论监督功能，对不断变化的社会环境跟踪监测，向决策者和社会公众提供及时、准确的信息。社会公众也对媒体舆论监督寄予了很高期待。随着社会公众的权利意识和利益意识的广泛觉醒，人们对于公共管理和社会管理的参与意识也越来越强，舆论监督作为公众政治、社会参与的重要路径，为公众参与公共社会事务提供了一条必要的通道。但是，当下社会语境下的舆论监督，在具体操作过程中，还面临诸多挑战，主要表现为以下几个方面。

一是利益关系发生深刻变化。在30多年的改革进程中，中国社会格局发生了深刻的变革，利益结构发生了巨大的变化，主要表现为利益主体多元化、利益来源多样化、利益差距扩大化、利益关系复杂化[①]。

---

① 洪远朋、卢志强、陈波：《社会利益关系演进论》，复旦大学出版社2006年版，第18—23页。

而这些利益关系、结构的变化，在一个日益开放的社会中，必然会表现为利益表达公开化。公开化的利益诉求表达需要畅通的诉求渠道。媒体作为现代社会的主要公共表达管道，就成为当下中国多种利益诉求表达的主要通道。但是，从当下的新闻舆论表达的实际情况看，现有的新闻舆论表达资源显然还跟不上人们日益增长的利益诉求表达的需要，客观上需要进一步畅通诉求表达渠道，给利益分化时代的诉求表达提供必要的空间①。

二是国际局势发生新的深刻变化。世界多极化和经济全球化的趋势继续在曲折中发展，科技进步日新月异，综合国力竞争日趋激烈，多元思想文化相互激荡，各种矛盾错综复杂。在复杂多变的国际舆论环境中，很多国内问题就会超越地缘政治、地缘经济以及地缘文化的范围，一些敏感问题稍有不慎，就可能引发巨大的舆论风暴，因此，舆论安全问题不再像过去那样局限在一个有限的时间和空间范围内，影响舆论的因素更加多元复杂，这就要求媒体舆论监督需要有更强的驾驭和调度能力，否则被舆论牵着鼻子走，就会陷入被动局面。

三是媒体技术迅速升级换代，带来了媒体生态的深度转型。有学者认为，如今许多潮流的汇合中——尤其是媒体不断创新和媒体日益富足，社会变迁加速而结果却不可预测，社会秩序发生分层，社会机构威信的失去，人民对个人自治日趋强烈的期望，传播者、问题议程和媒体管道的不断激增和多样化——一种新的政治传播体系正在兴起②。而这种新的传播体系的形成，与全球化和新技术革命所带来的深刻影响不无关系。全球化浪潮席卷世界各

---

① 张涛甫：《营造和谐社会环境》，《学习时报》2005 年 12 月 21 日。

② 詹姆斯·库兰、米切尔·古尔维奇编：《大众媒体与社会》，华夏出版社 2006 年版，第 155 页。

地，新技术革命所向披靡，转型对全球传媒生态构成了革命性的影响，特别是互联网所带来的传播革命，对全球传媒生态构成了深刻的冲击。网络传播引发了人类传播史的一场空前革命，它对中国当下的媒体生态环境的影响巨大。20余年的互联网发展之路，改写了传统意义上的传播格局，多媒体传播体系需要新的秩序与之匹配。但是，面对网络媒体所带来的种种难题，当下中国一时还缺乏有效的应对措施。

四是表达主体多元化。表达主体的多元化主要表现为表达主体结构的多元化。在一个封闭社会中，表达主体的表达意识处于蒙昧状态，他们会成为“沉默的大多数”。即便有少数精英有表达的意识和冲动，其表达影响力也是有限的。改革开放30多年的社会转型，将这些“沉默的大多数”渐渐激活了。思想解放与权利解放，带给中国民众更大的自主性。如今，中国的诉求表达不再被精英垄断。草根阶层声音迅速强劲起来。形形色色的草根个体有时候会汇聚成为汹涌的舆论激流。这从中国迅速崛起的网民即可说明。周瑞金把现今数以亿计的中国网民称之为“新意见阶层”①。这个庞大的网民群体并不是传统意义上的“社会阶层”。从社会阶层的角度考量，这个规模庞大的群体中包含了很多社会身份。他们虽然在网上都有一个共同的名字——网民，但实际上他们在网络上的声音是他们现实语境中不同身份的反映。不同的社会身份就给网上声音的多元化提供了可能。有研究者用“众声喧哗”来描述网络时代的个人表达与公共讨论②。正因现实社会主体的多元化，才有舆论表达的多元化。

① 周瑞金：《“新意见阶层”在网上崛起》，《炎黄春秋》2009年第3期。
② 胡泳：《众声喧哗》，广西师范大学出版社2008年版。

五是表达渠道多样化。与封闭环境下不同的是，开放环境下的表达渠道更加多元化。媒体的代言功能渐渐增强。进入利益博弈时代，各种利益主体都想借助媒体公共平台，来表达、放大自己的声音。多种声音的合唱或辩论，在媒体空间中渐渐成为常态。

2. 信息公开增添了舆论传播的内容

信息公开是指国家机关掌握的信息向公众开放。从各国信息公开立法来看，主要是行政机关的信息公开。由于各国国情不同，有的国家信息公开的机关还包括议会、法院、教会会议、公共服务管理的企业等，有的国家法律规定的国家行政机关仅指中央行政机关，有的国家则包括中央行政机关和地方行政机关，但行政信息都作为主要内容。

信息公开一般有两种途径：主动公开和依申请公开。实施机关主动公开，是指根据法律规定的义务，该机关主动公开某些信息。主要方式有：及时公开、定期公开、设立官方信息出版物、出售官方信息出版物、公众任意查阅公开的信息等。实施机关依申请公开，是指公众根据法律规定的权利向义务机关提出申请，由该机关向其公开特定的信息。依申请公开信息，在信息公开制度中占有重要位置，其核心是公众的信息公开请求权。各国的信息公开法一般是围绕信息公开请求权规定各项制度的。依申请公开信息，直接影响个人和组织的权利和利益，并且在一定情况下不能和国家利益、社会公共利益及其他个人的利益相矛盾。因此，该有关制度的确定及运行比较复杂①。

"信息公开"与"言论自由""知晓权"有着紧密联系。三个概念都来自"人民主权"的政治理念，均从"人民主权"推导而来。在所

① 刘杰：《知情权与信息公开法》，清华大学出版社2005年版，第8—10页。

有的自由中,"言论自由"是其他一切自由的基础和实现的关键。而言论自由实现的前提是知晓权的实现。知晓权的实现前提是信息公开,特别是政府信息公开。信息公开与言论自由,前者是政府的义务,后者是人民的权利。一般来说,言论自由对人民来说是一种消极自由,信息公开是从消极自由发展到积极自由的转折点。知晓权则是接通言论自由与信息公开的桥梁①。在我们原先的传统中,政府有"信息保密偏好",掌握信息在某种意义上就是掌握了某些"神秘的"权力,因此保密成为行政传统,政府成为信息的垄断者和把关人。政府把一部分信息传达给新闻界,这些信息在传媒过滤、选择后,根据媒体想象的受众范本,进行大众传播。从这个意义上说,传媒成为另一类信息的垄断者和把关人。政府信息公开的对象应该是公民。人们在信息公开的原则下,可以要求政府和传媒提供他们需要的信息,打破政府和媒体的双重垄断②。

信息公开主要体现为政府部门的信息公开。《政府信息公开条例》的出台,意味着政府的信息管理有了一个制度性的刚性约束,但舆论管理的权利归口于党的部门。理论上讲,政府是在执政党的领导之下的政府,推动政府信息公开,如果没有执政党的领导和推动,是不可想象的。信息公开制度建设的提速,说明执政党对公共信息的管理更加开放。不过,在实际运作过程中,政府部门的信息公开与舆论管理部门的舆论管理还不同步——政府系统的信息公开先走了一步,而舆论管理部门对新形势下的舆论引导在制度衔接上还存在不少实际困难,致使一边推动信息公开,另一边则面临着舆论安全压力。面对开放的信息环境,如何把握舆论导向?

①② 陈力丹、孙江波:《从"违规擅自发布"受罚到信息公开——关于〈突发事件应对法草案〉两条款的删改引发的思考》,《民主与科学》2007年第4期。

强调政府依法公开政府部门所掌握的信息，而这些信息一旦释放出来后，会产生怎样的社会效果呢？会不会造成环境的不安全？民众获得的信息越多，会不会激发他们更高的信息期待？把民众的胃口吊起来，对政府的压力会很大，对政府的要求也会更高。这些问题成为考验当下中国舆论管理者舆论引导能力的难题。

如今，政府信息公开已走出一大步，这给媒体舆论监督提供了有利的条件，为媒体舆论监督提供了宽广的可能性空间，也对舆论引导提供了不少新的要求。要真正把媒体舆论引导和舆论监督落到实处，仅仅依靠政府信息公开显然还不够。因为它们涉及党和政府、媒体和公众的多角关系，推动了其中的一角，固然有利于整个局势的改变，如果三角关系结构不能整体发力，其效果可能会大受影响。因此，需要从党和政府、媒体、公众三角关系出发，对三者之间的边界加以界定，对三者行为进行规范或者约束，以刚性的制度框架来保障媒体舆论引导和舆论监督的有序、深入推进。媒体舆论监督的主体是新闻媒体。只有尊重、保障媒体舆论监督的主体性地位和权利，对其权利和责任进行明确的规制，并通过合理、有效的制度安排赋予媒体舆论监督以刚性保证，才有可能解决当前媒体舆论监督问题。

3. 互联网崛起拓展了舆论传播的时空

互联网带来了强大外部效应，改写了原先政治权力结构与传播权力结构之间的微妙平衡。与传统媒体相比，互联网对中国的影响无论是在速度上还是在深广度上，都是空前的。

其一，新媒体赋权，使得曾经那些远在传播权力之外的“沉默的大多数”迅速成为“新意见阶层”，网民已成为舆论监督的主体；在舆论引导中，网民有时“反客为主”，从引导对象成为引导主体。在媒体环境中，舆论的生成、演化受制于媒体技术、制度以及运作机制。在新媒体兴起之前，组织化的媒体对舆论表达以及运行构成很大的限制。在组织化媒体中，舆论失控的可能性较小。舆论在媒体的河床上流动，决堤失控的可能性较小。新媒体的出现，使得媒体高度社会化了。媒体与一个个原子化的社会个体结合起来，使得原先"沉默的大多数"被新媒体激活了。活跃的表达个体一旦遭遇切中时弊的公共话题，就会从不同方向汇聚起来，形成集体围观，聚合成为人头攒动的舆论场。在网络舆论场上，网民可以爆料、揭黑，将原先都是由媒体人承担的监督任务，大面积转移到网上。一时间，网络空间成了舆论监督的主战场，以往被引导的对象则成为引导者与围观者。在重庆"钉子户"事件、雷政富艳照门事件、"表叔"事件、"房叔"事件、"华南虎"事件等一系列网络事件中，网民成了舆论监督的主力。

其二，互联网的崛起，拓展了传统媒体的舆论监督视野，丰富了传统媒体的监督手段。有了互联网，传统媒体人做舆论监督，可以在网上搜集消息来源，扩大了舆论监督的活动半径。媒体人可以在网络集结，形成团队式合作，尤其在跨地域合作方面，显示了显著优势。此外，传统媒体人在自身工作之外，也多了一些非常规"作业"渠道。

其三，新媒体具有先天性的技术活性，具有打破信息禁锢、表达控制的解放能量。但是，网络舆论监督也存在一定的问题。集体行动的逻辑正是由无数充满不确定性的个体意见累积而成的，群体心理的非理性会造成始料未及的变数和风险，也不排除有人恶意为之，借监督之名谋私利、泄私愤。此外，网络舆论监督行为如果缺乏规范，会走偏。网络"揭黑"，可以作为舆论监督的补充，当然前提是要健全媒体的舆论监督功能和机制。

4. 舆论管理的改善与改革

当代中国舆论管理的方式，分为以下几种。

一是直接管理与间接管理。直接管理,即管理者直接进入舆论现场,对舆论进行引导或控制。舆论管理者直接进入现场,有利的一面是:首先可以对舆论现场的情况有直接的感知,减少信息扭曲。其次,舆论管理者可以与公众直接沟通,减少沟通成本。对现场的风吹草动及时应对,对异常变化心里有数。间接管理,即舆论管理者不直接面对舆论或进入舆论现场,而是以间接的方式对舆论进行引导或控制。比如,管理者不直接出场,而是让第三方出面对舆论进行干预。最常见的间接管理,就是通过媒体来引导舆论。媒体作为第三方,成为沟通管理者与公众的核心管道。随着媒体的广泛普及,人们对媒体的依赖日益明显。媒体的信息呈现以及态度立场,影响到公众的舆论趋向和强度。与直接面对面的舆论管理比较起来,借助媒体进行舆论管理的优势在于:影响面会更为广阔,可以突破时空的限制,实现影响面的最大化。不过,媒体在舆论场中不完全是被动的角色,不一定听任舆论管理者驱使。特别是那些有相对独立表达权限的媒体,有自己的舆论立场和选择取向。

二是常规管理与非常规管理。常规管理就是舆论管理者对社会舆论进行常态化的管理。社会舆论作为社会的情绪,在多数情况下的表现是常态的。在公共生活中,随时都会有公共话题的出现,成为街谈巷议。面对常规化的舆论,管理者不可能面面俱到,事必躬亲,这样做管理成本太高,也没有必要。常规管理多是预防性的管理,对苗头性取向有所警觉,或进行适度干预,防止事态失控。非常规舆论管理,就是指在舆论出现异常的情况下,对舆论局势进行干预或控制。在现代社会,遭遇非常态舆论,甚至遭遇舆论险情,实属正常。当代中国正处在自身的社会转型与全球化进程的双重压力之下,遭遇舆论危机的高发期,非常态的舆论风险随时存在,舆论危机时有发生。这些情况对舆论管理构成前所未有的挑战。中国当前舆论安全压力甚大,“维稳”任务艰巨。但是,把“稳定”绝对化,甚至过于政治化,反而不利于舆论的安全;相反,适度的释放反而有利于舆论的引导。

三是柔性管理与硬性管理。柔性管理就是管理者采取相对温和的方式对舆论施以影响或干预。舆论是公众意识的聚焦,对舆论采取温和的态度和手段,可以防止舆论激化。中国政府应对新闻媒体的态度经历了三个阶段:最初是“媒体控制”,后来为“媒体管理”,最后则是“媒体合作”。从名称上的嬗变可以看出,政府在处理与媒体的关系问题上,正在经历观念上的转变:从原来的硬性控制管理逐渐转向现在的弹性合作博弈①。硬性管理是采取相对粗暴、粗糙的态度或手段对待舆论,硬性管理的另一种形式是通过对第三方的硬性干预,实现对舆论的直接干预。比如,强制性要求媒体按照管理者的意愿,对舆论施加影响。在面对突发事件时,一些管理者强行要求所辖媒体按照自己的意愿进行报道,要求媒体隐瞒或扭曲真相,造成真实信息的缺位,谣言四起,导致舆论失控。

在当下中国社会语境下,舆论管理在以下四个方面应有所改进。

一是准确把握网络舆论表达和引导的规律。与传统舆论场比较起来,网络舆论场是一个更加复杂的循环系统,在这个系统中,有很多关系变量,对网络构成影响。而且这些变量之间的结构、机理非常复杂。只有把握网络舆论的表现规律,才能实现有效的引导、管理。

二是提高议程设置能力。议程设置能力不是狭义的控制能

① 向颖铁:《新闻执政力:媒体动力圈中的控制革命》,人民网,2007年4月24日。

力，而是因势利导的能力。对网络舆论进行引导，是建立在对网民表达诉求尊重基础上的，同时也是建立在对网络舆论规律的精准把握基础之上。

三是提升化解舆论风险的能力。网上风云可能就会演化成现实风暴。舆论风险考验执政者的风险化解能力。执政党应该有信心，也有能力应对各种舆论风险，包括网络舆论风险。

四是制度建设。从近年的政治实践来看，不难发现，中国网络执政的制度建设开始提速。但制度建设是一个系统工程，对于中国这样超大型的转型国家来说，制度转型可能更考验执政党的胆识和智慧。

# 第六章 社会效益与经济效益

在马克思主义新闻观中，没有“只算政治账、不算经济账”一类的新闻政策，同时也没有将经济效益凌驾于社会效益之上的政治主张。马克思和恩格斯在主编无产阶级第一张大型日报时，经营与管理就被放在重要位置予以重视，减少成本、增加效益成为他们经常商议的事务。列宁也很关注《真理报》的广告收入，当代表大会通过决议不准《真理报》刊登广告，他公开表达反对意见①。毛泽东亦几次询问几家报社的经营状况。马克思一直把他投资创办的《新莱茵报》称为企业，列宁也认为现代报业就是现代产业。近年来，在传媒体制改革与文化产业大发展的合力推动之下，我国的传媒产业大大解放了生产力，2013 年传媒产业总产值 8 902.4 亿元，2014 年或超一万亿元，跃居世界传媒强国之林。

同时，社会主义的传媒重视社会责任，以为人民服务为宗旨。社会责任是马克思主义新闻观的有机组成部分，是社会主义新闻理论体系的重要理念。传媒的社会责任建立在传媒的社会功能之上，传媒的社会功能包括三个层次，也就是政治功能（监视环境、政治沟通）、经济功能（财经信息、经济行为）、社会功能（社会规范、社会伦理、娱乐消闲），因此传媒的社会责任不仅是指政治责任，也包

---

① 《列宁全集》第 43 卷，人民出版社 1987 年第 2 版，第 131 页。

括其他各方面的责任。传媒的社会效益是指传媒在履行社会责任、实现社会功能的过程中产生的影响与效果。在我国，从邓小平开始，历届党中央总书记都在不同场合讲到社会效益与经济效益的辩证关系，既强调把社会效益放在首位，同时也认为理想状态是社会效益和经济效益的统一，也就所谓“两手抓，两手都要硬”。

本章主要围绕媒体的社会效益与经济效益两个主题展开。

## 一、“党的企业”

马克思和恩格斯在他们的办报生涯中，一直遵循市场经济模式。他们为创办《新莱茵报》《新莱茵报·政治经济评论》，以及协助创办《工人辩护士报》《工人报》，写下或参与审议多份传媒经营性质的文件：《〈新莱茵报〉公司章程》《〈新莱茵报·政治经济评论〉招股启示》《工业报纸有限公司募股启示》及《创办〈工人报〉日报的借款条件》。

1848年欧洲革命大潮中，马克思在德国科隆创办《新莱茵报》，副标题为“民主派机关报”，实为无产阶级政党的机关报，马克思担任总编辑，恩格斯担任编辑。他们拟创办一家股份公司，以集资的办法为报纸筹集资金。在马克思署名的《〈新莱茵报〉创办发起书》中，提及“《新莱茵报》在各方面都有着取得成功的最好的前景，但是这里也遇到了经费问题，在办报初期，如订户和广告的数目还不能保证报纸的经营，就必须筹集弥补开支所需之经费。为此就需要3万塔勒的资本，其中有一半要留作准备金。这笔资本将由一个股份公司筹集”。后来成立的公司叫“海尔曼·科尔夫公司”，由一名发行负责人（海尔曼·科尔夫）和两名助理（路易·舒耳茨和斯蒂凡·阿道夫·瑙特）主持，科尔夫是一位民主主义者，舒尔茨和瑙特则是科隆商人。当年7月，随报纸发行了科尔夫公司制定的

《〈新莱茵报〉章程》，共46条，规定了《新莱茵报》总资本3万普鲁士塔勒，分600股，每股50塔勒。章程还相当完备地规定了发行负责人的责任与义务、收益比例、账目管理等方面的内容，涉及经营和法律领域的几乎所有问题。在马克思和恩格斯的构想中，编辑与经营是分开的，经营方面遵循的是商业报刊的模式。因此他们倚重发行人，使用新式印刷设备，也赞同报纸刊登广告，并把它看作报刊的重要收入之一。《新莱茵报》上每天都有详细的广告价目表。《新莱茵报》的发行量接近6 000份，在当时德国能够进入畅销报纸的行列，具有非常大的社会影响。只是由于报纸的革命立场，招募股份和广告时出现很大困难，马克思和恩格斯实际上是以募集捐款的形式维持报纸的编辑和发行，马克思更是将自己的大部分私人资产都用到了报纸上，总数在7 000塔勒之上。《新莱茵报》虽然在1849年因反动当局的迫害停刊，不过作为"无产阶级最好的机关报"，马克思恩格斯的报刊经营理念被后来的无产阶级报刊所吸纳。他们关于报刊经营管理的论述，成为马克思主义新闻观的一部分。

为了总结1848年欧洲革命的经验和教训，马克思和恩格斯于1849年筹办定期杂志《新莱茵报·政治经济评论》，以期作为《新莱茵报》的延续，弥补党刊的空缺。为了阐明宗旨、扩大影响、吸引订户，马克思恩格斯合写了《出版启示》。恩格斯为杂志起草了《〈新莱茵报·政治经济评论〉的盈利和发行量的估价单》，计划每期发行2 000份，并精确地估算了发行费用。此外，马克思恩格斯还与杂志的出版人一道撰写了杂志的《招股启示》，期望筹集500英镑的资金。为了筹措资本，马克思卖掉了《新莱茵报》的印刷设备。杂志具有鲜明的政治性，也因此受到普鲁士当局的迫害，虽然只出版了6期(5—6期为合刊)，但是完成了总结欧洲革命的历史任务，发行量一度达到2 500份。

1865年，国际工人协会中央委员会将原属不列颠矿工联合会的报纸改组为新的机关报《工人辩护士报》，总委员会为此成立“工业报纸有限公司”，马克思担任公司理事会的理事，参与审议《工业报纸有限公司募股启示》及《告大不列颠和爱尔兰工人书》。《募股启示》规定募集资本总数1 000英镑，分成1 000股，每股价值1英镑，每认1股预付2先令6便士，而后分期付清，这种方式照顾到工人群众的实际财力。为了主导董事会，中央委员会抢先认购了近五分之一的股份。但是后来，由于中央委员会的股金难以按时交上，报纸所有权转移至资产阶级改良分子手中，报纸易名为《共和国报》，蜕变为工联派的机关报。

虽然这一系列报刊在募集股份时皆遭遇了困难，却体现出马克思恩格斯按照市场经济模式经营党报的一贯思想。早期工人报刊往往采取依靠捐款、免费送报的方式，结果难以为继，比如19世纪40年代，美国海尔曼·克利盖的《人民代言者报》免费发行，结果欠下大笔债务，报纸也被迫停刊。恩格斯评论克利盖说：“他以无比宽广的胸怀经营财务，《代言者报》是赠送的，不是出售的，资金来源于自愿的捐赠，总之，他们是想重演《使徒行传》的第三至第六章，同时也不乏亚拿尼亚和撒非喇，结果弄得满身是债。”[①]在马克思恩格斯看来，党的报刊不应该依靠党的拨款，也不应该免费发行，党报党刊既负载着政治使命，同时也具有商品生产属性，在当时的条件下，不妨采取企业运营模式，只是要确保报社成为“党的企业”。

1869年，时任国际工人协会通讯书记的马克思和国际工人协

① 《马克思恩格斯全集》第47卷，人民出版社2004年第2版，第425—426页。

会的中央委员恩格斯，大力协助德国社会民主工党的创建。党的成立大会上，奥古斯特·倍倍尔宣布："未来的党报不是一个人或几个人的财产，而是党的财产，由党来决定它的权利。"①社会民主工党成立以后，由党出资创办了《人民国家报》作为机关报，作为党产的莱比锡印刷厂也在不久后成立。秉承这一精神，1871年新《社会民主党人报》出版，将该报纳入全德工人联合会的"党产范畴"。1875年两党合并为新的德国社会主义工人党，党章确认中央机关报属于党的产业，奠定了此后德国党的报刊企业性经营的体系。在恩格斯逝世前夕，中央机关报《前进报》已经能够每年为党提供5万马克的利润②。

1894年奥地利社会民主党人的《工人报》预备改组为日报，为了筹措经费，在伦敦专门成立了一个由党外人士组成的银团，贷款总额5 000佛罗伦，恩格斯亲自为该报草拟了《创办〈工人报日报〉的借款条件》，到1895年，《工人报》取得了成功，恩格斯评价说："关于报纸的情况使我们很高兴。政治上的成功是主要的，财政的收获会随之而来，而且容易得多、迅速得多，只要前者有保证的话。"③

毋庸讳言，早期的马克思主义政党行政组织较为松散、环境压力非常巨大、财政资金极为匮乏，党报党刊的经营模式是在特定历史时期的选择，也在不断试错中渐趋完善。虽然马克思恩格斯并未明确提及"报刊的经济效益"，但在他们的党报党刊经营思想中，时时有对经济收益的关注。主要包括如下要点：第一，党报党刊经济上的目标是自给自足；第二，采取企业化管理，通过招股等手段

---

① 中国人民大学科学社会主义系：《国际共产主义运动史文献史料选编》第2卷，中国人民大学出版社1983年版，第43—44页。

② 陈力丹：《马克思主义新闻观思想体系》，中国人民大学出版社2010年第2版，第150页。

③ 《马克思恩格斯全集》第39卷，人民出版社1974年第1版，第415页。

获得初始资金,通过刊登广告弥补经费之不足;第三,提高办报质量,以政治上的成功促进发行量的增长,以达到良性循环;第四,经营与编辑两分开,保障编辑部在政治上的独立性。

## 二、传媒体制改革与传媒产业勃兴

新中国成立初期,曾要求报社自行解决全部或者大部分经费,不过在新闻业的社会主义改造过程中,到1956年最后几家私营报纸都实行了公有化。此后沿用苏联模式,传媒资产属于国家,新闻单位是事业单位,属于政府的一个组成部分,具有非营利性质。在计划经济时代,新闻单位由国家财政划拨资金、委派干部、招收人员,报刊90%以上为公费订阅,一切靠国家统筹安排,实行行政化运作,不重经营也不计成本。新闻传媒的基本职责是报道新闻、宣传政策、引导舆论,只讲政治效益,不讲经济效益。党的十一届三中全会之后,全党工作重点从"以阶级斗阵为纲"转向"以经济建设为中心"。中国社会全面改革开放,建设有中国特色的社会主义市场经济,因此,传媒走向市场是必然选择,既可以减轻政府的财政负担,又可以解放和发展文化生产力,提高传媒的经济效益是新闻改革的题中应有之义。

我国传媒体制改革以1978年中国改革开放为起点,出于对意识形态安全和社会稳定的考虑,施行的是由上至下政府主导的渐进式改革。大体经历四个阶段:第一,企业化阶段,1978—1991年,实行"事业单位企业化管理"的二元运作机制,政府控制不变,同时放开经营环节,向现代企业制度转型,使传媒培育经营观念、具备自负盈亏意识。第二,产业化阶段,1992—1998年,将传媒行业定义为第三产业,明确其产业属性。第三,集团化阶段,1999—2004年,整合重组,以传媒集团化发展为标志。第四,资本化阶段,

2005—2015 年，以文化体制改革为核心，将公益性文化事业与经营性文化产业“两分开”，节目采编与广告经营分开，新闻宣传与产业经营之间剥离，传媒集团上市融资，进行股份制改造。2012 年以来，国家支持国有文化企业特别是中央文化企业跨媒体、跨地区、跨行业、跨所有制发展。根据 2014 年《深化新闻出版体制改革实施方案》，在确保有资质的国有出版单位拥有“特殊管理股”的前提下，鼓励引进非公有制资本。

从宏观政策背景上看，十几年来的几个重要中央文件决定了传媒体制改革的方向。2003 年 10 月，《中共中央关于完善社会主义市场经济体制若干问题的决定》提出：“按照社会主义精神文明建设的特点和规律，适应社会主义市场经济发展的要求，逐步建立党委领导、政府管理、行业自律、企事业单位依法运营的文化管理体制。转变文化行政管理部门的职能，促进文化事业和文化产业协调发展。”2005 年 10 月，《中共中央关于制定国民经济和社会发展第十一个五年规划的建议》提出：“按照社会主义精神文明建设的特点和规律，适应社会主义市场经济发展的要求，逐步建立党委领导、政府管理、行业自律、企事业单位依法运营的文化管理体制和富有活力的文化产品生产经营机制。繁荣新闻出版、广播影视、文化艺术，创造更多更好适应人民群众需求的优秀文化产品。完善文化产业政策，形成以公有制为主体、多种所有制共同发展的文化产业格局和民族文化为主体、吸收外来有益文化的文化市场格局。”2010 年 10 月，《中共中央关于制定国民经济和社会发展第十二个五年规划的建议》提出：“繁荣发展文化事业和文化产业。坚持一手抓公益性文化事业、一手抓经营性文化产业，始终把社会效益放在首位，实现经济效益和社会效益有机统一……在政府引导下发挥市场机制积极作用，培育骨干文化企业和战略投资者，鼓励和引导非公有制经济进入，发展新型文化业态，增强多元化供给能力，满足多样化社会需求，繁荣社会主义文化市场，推动文化产业成为国民经济支柱性产业。”

在改革开放的大格局之下，传媒具有三重属性：“党和人民的喉舌”的政治属性、大众传播的社会属性、文化生产的产业属性。政治属性是指意识形态属性，坚持党管意识形态不能变、党管媒体不能变、党管干部不能变、党管舆论导向不能变、党管宣传不能变。中国社会主义国家的性质，决定了作为执政党的中国共产党对于传媒的全面领导，这也是面对西方世界意识形态之战的唯一选择。任何传媒产品都承载着一定的思想和精神内涵，对于受众的思想观念和行为准则产生影响，在意识形态领域坚持“讲政治”事关重大。社会属性是指服务社会的公益属性，传媒终究不是以赚取利润为终极目标的一般企业，它担负着重要社会责任和义务，在服务于民众的信息需求、文化需求和娱乐需求方面责无旁贷，对于促进良风佳序的社会规范和形成安定团结的社会氛围义不容辞。产业属性是指获取利益的经济属性。传媒产业是指传播各类信息、知识的媒介实体部分构成的产业群，它是生产、传播各种以文字、图形、艺术、语言、影像、声音、数码、符号等形式存在的信息产品的特殊产业。传媒产品具备商品属性，通过市场为人所消费，进而实现其经济价值。传媒产业是当今社会的支柱产业——信息与创意产业的重要组成部分，传媒经济也势必成为国家宏观经济中不可或缺的一部分。如果说传媒的社会属性涉及社会效益，产业属性涉及经济效益，作为前提的则是传媒的政治属性。从传媒体制改革的发展趋向上看，党和政府将传媒视为“特殊产业”，也就是说传媒并非纯粹的经济组织，本质上是文化产业组织，向社会提供的是精神产品和服务，因此传媒的经营与管理不能等同于一般工商企业，必须采取建立有效的监管机制，以确保传媒在市场化经营、企业化管理、产业化运作模式下的意识形态安全。

在传媒体制改革与文化产业发展的合力作用之下，我国的传媒产业生机无限，根据蓝皮书《中国传媒产业发展报告(2014)》，2013 年中国传媒产业总产值规模是 8 902.4 亿元，同比增长16.2%，增长率较 2012 年上涨近 4 个百分点。报纸 1 821 种，期刊 9 941 种，出版社 583 家，音像制品出版单位 383 家，广播电台 169 家(2012 年数字)，电视台 183 家(2012 年数字)，电影院 3 831 家，电影银幕 18 398 块，广告经营单位 445 365 家，手机用户 122 911.3 万户，固定电话用户 26 698.5 万户，www 站点数量 320.2 万个，域名数量 1 844.1 万个，网民总人数 61 758 万人，手机上网人数 50 006 万人①。传媒融合推动了传媒产业格局的变化，在传媒核心产业(印刷媒体、电波媒体、PC 互联网媒体、移动互联网媒体)之外，传媒关联产业迅猛发展，如物流、零售、金融、电子制造、ICT 产业等，它们与传媒核心产业交叉融合，从体量规模上看，为全球第一。回顾历史，从 20 世纪 90 年代开始，西方世界在新媒体技术的激发之下、在新自由主义“解除管制”的思潮下，发生了一系列庞大传媒的兼并重组。与此同时，加入 WTO 的压力，还有“西强我弱”的世界传媒格局，逼迫中国传媒必须在短时间内做大做强，“打造中国媒体巨舰”。经过十余年的奋斗，“做大”的目标已经实现，但从对于全球文化的影响力而言，“做强”仍需假以时日。

自 2002 年党的十六大将文化单位分为两大类以来，“两分开”一直是中国传媒体制创新的一部分。“两分开”是指：一类是公益

---

① 崔保国主编：《中国传媒产业发展报告(2014)》，社会科学文献出版社 2014 年版，第 4 页。

性事业组成部分，即为公共事业服务，隶属于国家的一些事业性质的部门，继续以事业体制进行管理；一类是经营性产业组成部分，按照现代企业制度进行体制创新，通过产品实现其市场价值。就“经营性产业”而言，从十七届六中全会通过的《中共中央关于深化文化体制改革推动社会主义文化大发展大繁荣若干重大问题的决定》，到十八届三中全会通过的《中共中央关于全面深化改革若干重大问题的决定》，对于全国文化产业体制的市场准入、产权重组等内容有重大突破，特别是“对按规定转制的重要国有传媒企业探索实行特殊管理股制度”，影响深远。但是在“公益性事业”部分，特别是围绕新闻与宣传的部分，仍未向市场放松。这一传媒制度的现状是中国改革开放进程所塑造的，符合中国国情，有一定的现实合理性。它一方面认可传媒的政治属性，确保党对传媒业的领导权，一方面承认传媒的经济属性，让传媒理直气壮地追求经济效益，总体而言，既有多元化和灵活化的取向，又希望牢牢把握社会主义意识形态的总方向。

但是，“两分开”毕竟使行政力量和市场力量同时存在于一个传媒体系之中，因人为割裂产业链，导致行政管理的部分有业内垄断、权力寻租的现象，而市场的部分则有罔顾政治性和社会伦理、片面追求利润的现象，因此“两分开”只能是过渡期的政策，中国传媒改革的总方向是分类管理、多元分层、依法治理。

### 三、社会效益与经济效益的统一

社会主义市场经济条件下的传媒体制改革使得追求经济效益具备合法性和正当性。经济学意义上的经济效益，是资金占用、成本支出与有用成果之间的比较，是指通过商品和劳动的对外交换所取得的社会劳动节约，即以尽量少的劳动耗费取得尽量多的经营成果，或者以同等的劳动耗费取得更多的经营成果。所谓经济效益好，就是资金占用少，成本支出少，有用成果多。提高经济效益对于社会发展具有重要意义，从宏观层面上说，对于经济效益的追求是传媒改革的核心所在，不仅属于传媒产业的部分希望在法律和现行政策允许的范围内尽量提高经济效益，属于传媒事业的部分同样要提高经济效益，珍惜财政津贴和国有资产，杜绝贪污浪费，降低成本，提高效率。

但是，追求经济效益并不意味着放弃社会效益。广义上的社会效益是指各种经济、文化生产或活动在社会上产生的非经济性效果和利益，关乎整体利益、社会发展和人类进步。狭义上的社会效益是指企业、事业或公益组织，通过产品或服务所获得的品牌效应、知名度、社会公信力等无形利益，无形利益的长期积累可能有助于促进有形利益，进而形成良性循环。新闻传媒的社会效益，是指传媒在其实现社会功能的过程中产生的社会影响与效果，衡量标准包括两个方面。一是对人的积极作用，有利于提高思想修养和道德水平；有利于培养对事物的认识能力、判断和辨别是非的能力；有利于人们丰富知识，提高科学文化素养，开发智力，培养技能；有利于丰富文化生活。二是对社会和历史的影响，有利于人类先进文化成果的积累、发展和传播；有利于社会从低级向高级形态发展；有利于社会的自由、民主、平等、文明程度的提高；有利于国家的独立、富强、进步、繁荣；有利于国际社会的友好交流；有利于民族文化的传承和世界文化的多元共存发展①。

从邓小平开始，我国历届党中央总书记都在不同场合讲到社

---

①　童兵、陈绚主编：《新闻传播学大辞典》，中国大百科全书出版公司 2014 年版，第 36—37 页。

会效益与经济效益的辩证关系。邓小平指出，新闻宣传等部门，要以社会效益为最高准则。这些部门所属的企业，也要以社会效益为最高准则。思想文化界要多出好的精神产品，要坚决制止坏产品的生产、进口和流传。对人民负责的思想政治工作者，要始终不渝地面向广大群众，在艺术上精益求精，力戒粗制滥造，认真严肃地考虑自己作品的社会效果，力求把最好的精神食粮贡献给人民，要反对"一切向钱看"、把精神产品商品化的倾向。江泽民要求，"在思想文化教育部门和所有从事精神产品的生产或传播的企事业单位，都必须把社会效益摆在首位，在这个前提下讲求经济效益，实现社会效益和经济效益的正确结合。多出好的精神产品，而绝不允许一切向钱看的错误倾向冲击和危害社会主义精神文明建设，更不允许这种错误倾向泛滥而不受到批评和制止"①。胡锦涛指出，"各类文化事业和文化产业，都要坚持正确导向，把社会效益放在首位，做到社会效益和经济效益的统一，努力宣传科学真理、传播先进文化、塑造美好心灵、弘扬社会正气、倡导科学精神"②。习近平也强调，一部好的作品，应该是把社会效益放在首位，同时也应该是社会效益和经济效益相统一的作品。文艺不能当市场的奴隶，不要沾满了铜臭气。优秀的文艺作品，最好是既能在思想上、艺术上取得成功，又能在市场上受到欢迎③。

国家在"十一五"文化发展规划纲要中明确提出："坚持把社会效益放在首位，实现社会效益和经济效益的统一，最大限度地发挥文化引导社会、教育人民、推动发展的功能。""十二五"文化发展规

① 江泽民：《在毛泽东同志诞辰一百周年纪念大会上的讲话》(1993年12月26日)，《江泽民文选》第1卷，人民出版社2006年版，第358页。

② 胡锦涛：《在中共中央政治局第七次集体学习时的讲话》(2003年8月12日)，新华社。

③ 习近平：《在文艺工作座谈会上的讲话》(2014年10月15日)，人民网。

划纲要重申："坚持把社会效益放在首位，坚持社会效益和经济效益有机统一，遵循文化发展规律，适应社会主义市场经济发展要求，加强文化法制建设，一手抓繁荣、一手抓管理，推动文化事业和文化产业全面协调可持续发展。"昔日有个认识误区：传媒产业讲经济效益，传媒事业才讲社会效益。其实，传媒事业要讲经济效益，传媒产业也要讲社会效益，无论是经济效益还是社会效益，都来源于传媒自身的社会功能，都是为了满足人民群众的精神文化需要，也都要以政治效益为前提。在社会主义市场经济条件下，不存在社会效益极佳而经济效益极差的文化产品，因为从影响力上来看，如果无法实现经济效益，其社会效益也是空洞的；同样不存在经济效益极佳而社会效益极差的文化产品，因为从价值观上看，如果罔顾社会效益，甚至违背了社会道德，即便可能会得一时之利，却终将会被逐出市场。同时也应看到，社会效益是无形的，通常无法像经济效益那样能够用数字清晰地体现，而不同种类的新闻传媒的社会效益也不具有可比性，因此并不能简单地以市场占有率、收视率、点击率等为唯一评价标准，要保护政治性、公益性和学术性的传媒不受到市场化的过分挤压，也不能以满足市场需要为借口堕入低俗化的泥潭。社会效益第一是我国的社会主义性质所决定的，当经济效益同社会效益发生冲突时，经济效益必须服从社会效益。

在某种意义上，无论是社会效益还是经济效益，皆建立在一个基础之上：传媒要自觉履行社会责任。在一定程度上，社会效益可以理解为履行社会责任的程度，各个媒体虽然各向一面，于功能上有所侧重，但是自觉履行社会责任是对媒体最基本的要求。当前，我国多数媒体能较好地承担相应的社会责任。但是，也有一些媒体出现社会责任意识淡漠甚至无视社会责任的情况，还有少数媒体和媒体从业人员对社会责任的理解存在偏颇。社会责任的确立除了法律、政策和纪律的规范，还要靠行业自律和传媒伦理的深入人心。自 2014 年起，新闻战线开始探索建立媒体社会责任报告制度，推动各级各类媒体强化社会责任意识，自觉主动履行社会责任，提升全行业公信力。重点包括：正确引导责任，提供服务责任，人文关怀责任，繁荣发展文化责任，遵守职业规范责任，履行合法经营责任，安全刊播责任，保障新闻从业人员权益责任。既有政治、法律、纪律和职业规范的层面，也有经济、文化和权益的层面。2015 年中央还颁发文件，对媒体肩负的社会责任及经济责任规定了刚性指标。

总之，媒体和媒体从业人员应正确认识传媒的经济效益和社会效益的辩证关系，坚持正确的政治导向、思想导向、价值导向、行为导向和审美导向；坚持为人民服务，为社会主义服务；关爱生命、以人为本，关注社会弱势群体，推动社会公益事业，维护社会的和谐稳定；传播社会主义核心价值观，传承优秀传统文化，传播高雅健康文化，促进社会文化繁荣；自觉打击虚假新闻、有偿新闻、有偿不闻，恪守职业伦理，做到理性、真诚、负责，避免失实、煽情、作秀，体现社会主义媒体的人文关怀精神。与此同时，部分传媒要积极履行上市公司责任，推进新闻产品生产方式、盈利模式和运营机制的合理转变，实现社会效益与经济效益的共同增长。

# 第七章　群众路线与调查研究

如何看待人民群众的历史作用，哲学史上存在着两种不同的观点。唯心主义历史观从社会意识决定社会存在的前提出发，否定物质资料的生产方式是社会发展的决定力量，否定人民群众的历史作用，宣扬英雄人物创造历史。唯物主义历史观从社会存在决定社会意识的立场出发，确认人民群众在社会历史发展中的主体作用，认为人民群众是历史的创造者。

中国共产党根据马克思主义的群众观点，在长期的革命、建设和改革实践中，形成"一切为了群众，一切依靠群众，从群众中来，到群众中去"的群众路线，作为实现党的各项任务的根本工作路线。调查研究是指深入现场进行考察，以探求客观事物的真相、性质和发展规律的活动，它是人们认识社会、改造社会的基本方法，也是符合马克思主义辩证唯物主义认识论的一种科学方法。作为一个马克思主义政党，代表最广大人民群众的根本利益，得到最广大人民群众的拥护支持，坚持实事求是的思想路线，倡导调查研究，是中国共产党久经考验的力量源泉和制胜法宝。

坚持群众路线与调查研究是马克思主义新闻观的重要内容。本章的要点就是评介群众路线和调查研究两个主题。

## 一、群众路线：党的新闻工作的生命线

马克思主义经典作家非常重视党同人民群众的关系问题，努力做好群众工作，他们提出的一系列关于党和人民群众关系的理论观点，构成了党报新闻宣传工作群众路线的基本内容。

马克思提出："民众的承认是报刊赖以生存的条件，没有这种条件，报刊就会无可挽救地陷入绝境。"[①]马克思和恩格斯认为，报刊的社会性质要求它必须同人民保持密切的联系，这种联系不同于报刊与权力组织的关系。报刊可以选择站在权力组织一边，或处于其对立面。但是，必须拥有最大量的读者，得到他们的承认和支持才能生存，这是没有选择余地的。

重视报刊的群众工作，是列宁党报思想的一个重要方面。他一向强调通过报刊了解基层的情况和情绪，要求报刊了解读者，依靠广大通讯员办报。十月革命后的新经济政策时期，列宁提出经济类报纸要"建立地方通讯员网，其中既要有党员，也要有非党群众；要用更多的篇幅登载地方上来自工厂、矿山、国营农场、铁路机务段和工场等的通讯"[②]。除了要求建立党内系统的通讯员网络外，他还提出建立"非党的通讯员网络"，经常要求各报提供这方面的工作情况和具体的读者来信，通过这条途径了解基层的情绪。

毛泽东关于动员全党和群众参与党报工作的思想形成于延安时期。1942 年 3 月，他为延安《解放日报》题词"深入群众，不尚空谈"，语重心长地批评了报纸存在的缺陷，勉励报社同志改进工作，把报纸办好。关于党报的群众性，1942 年延安《解放日报》改版社

---

① 《马克思恩格斯全集》第 1 卷，人民出版社 1995 年版，第 381 页。
② 《列宁全集》第 42 卷，人民出版社 1987 年版，第 132 页。

论《致读者》解释如下："密切地与群众联系，反映群众的情绪、生活需求和要求，记载他们的可歌可泣的英勇奋斗的事迹，反映他们身受的苦难和惨痛，宣达他们的意见和呼声。"报纸的任务，不仅要充实群众的知识，扩大他们的眼界，启发他们的觉悟，教导他们，组织他们，而且要成为他们的反映者、喉舌、与他们共患难的朋友。

党报的新闻工作承担着宣传群众、动员群众、服务群众的使命，这些在本质上就是群众工作。来自人民、植根人民、服务人民是中国共产党新闻宣传工作的优良传统，党的新闻工作必须牢固树立马克思主义群众观点、自觉贯彻党的群众路线，始终保持同人民群众的血肉联系。在新的历史条件下，宣传思想工作要在指导思想上进一步树立群众观点，强化群众立场，在工作内容上进一步反映群众愿望、满足群众需求，在思想作风上进一步增进群众感情、拉近同群众的距离，回答解决好"为了谁""依靠谁""我是谁"的问题①。

"为了谁"是新闻宣传工作的群众基础和力量源泉。列宁认为，报纸服务于广大人民群众，并依赖于人民群众的最积极的支持。党报要与人民休戚与共，没有也不可能有违背人民意愿的一套任务和利益。他在1905年《党的组织和党的出版物》中提出，写作事业不是为饱食终日的贵妇人服务，不是为百无聊赖、胖得发愁的"一万个上层分子"服务，而是为千千万万劳动人民，为这些国家的精华、国家的力量、国家的未来服务。毛泽东指出，为什么人的问题，是一个根本的问题、原则的问题——"在我们，文艺不是为上述种种人，而是为人民的。……最广大的人民，占全人口百分之九

---

① 参见刘云山：《为了谁 依靠谁 我是谁——关于贯彻党的群众路线的几点思考》，《求是》2011年第16期。

十以上的人民，是工人、农民、兵士和城市小资产阶级。……这四种人，就是中华民族的最大部分，就是最广大的人民大众。”[①]新时期，世情、国情、党情发生了深刻变化，新闻宣传工作的内容、形式、任务发生了很大变化，但无论怎么变，新闻宣传工作为人民服务的方向不能变，代表最广大人民根本利益的原则不能变。

“人民、只有人民，才是创造世界历史的动力”[②]，解决好“依靠谁”的问题，关键是在思想上牢固确立人民群众的主体地位，在工作中坚持从群众中来、到群众中去的根本方法。人民群众既是物质财富的创造者，也是精神财富的创造者。凡属正确的决策，必然是将群众的意见集中起来化为系统的意见，再回到群众中去，使之成为群众的行动。面对层出不穷的新情况、新问题，必须充分发挥群众的主体作用，激发群众创造，集中群众智慧，使宣传思想文化工作始终保持旺盛的生机活力。

解决好“我是谁”的问题，关键是摆正同人民群众的关系。中国共产党有许多优势，根本的一条是同人民群众保持血肉联系。在人民群众中生长、成熟和发展起来，始终为人民群众的利益而奋斗，是中国共产党充满生机与活力的源泉所在。摆正同人民群众的关系，是新闻宣传队伍建设的一个重要内容，是新闻宣传工作者素质提升的基本要求。改进新闻宣传工作最好的方法，是把实践当成最好的课堂，把群众当成最好的老师，不断开阔工作视野，完善工作思路，提升业务工作能力。

党报群众性原则的确立涉及历史观、认识论、方法论问题，即如何看待人民群众在历史发展中的地位、角色，如何发挥人民群众

---

① 《毛泽东选集》第3卷，人民出版社1991年第2版，第855—856页。
② 《毛泽东选集》第3卷，人民出版社1991年第2版，第1031页。

的主体作用，这是马克思主义分析问题的逻辑起点，也是指引、评价、检验新闻宣传工作的最高标准。有中国特色的新闻事业的性质，决定了它不能靠少数人关起门来办，而必须依靠全党的力量，依靠全体人民群众的力量来办。实行专业的新闻工作者和最广大的人民群众相结合，是党的新闻宣传工作的基本方针，也是马克思主义群众路线在新闻传播工作中的生动体现。

## 二、全党办报、群众办报

在马克思、恩格斯、列宁依靠群众办报的传统上，中国共产党提出并实行的全党办报、群众办报的方针，是在无产阶级报刊的长期实践中形成的，是马克思主义新闻观与中国共产党办报实践相结合的产物。

早在建党之初，中国共产党人就提出了关于群众路线的基本思想。1922 年党的二大关于党的章程的决议案中规定："党的一切运动都必须深入到广大的群众里面去。"《向导》周报在 1922 年 9 月创刊时明确提出要根据"全国真正的民意"和"政治经济的事实"的要求来办报，为此专门设置了"读者之声"专栏，主要刊载各地读者对《向导》周报的评价、建议，以及《向导》周报对读者来信的答复等，用以沟通读者与编者，探讨问题，交流思想。最早诞生于革命根据地的《红色中华》报，立足于群众办报的方针，经常刊登工农群众的来稿、来信，为他们提供发表意见的论坛，不断致力于报道反映群众生活中的困难问题，督促各级组织帮助解决，并树立了批评与自我批评的办报作风。作为党最早的政治机关报，《向导》周报和《红色中华》报开党报践行群众路线之先河。

1942 年 3 月 16 日，中共中央宣传部发出《为改造党报的通知》，正式启动《解放日报》改版。《通知》指出，"要使各地的党报成为真正的党报，就必须加强编辑部的工作，各地高级党的领导机关，必须亲自注意报纸的编辑工作，要使党报编辑部与党的领导机关的政治生活联成一气，要把党的政策、党的工作、抗日战争、当地群众运动和生活，经常在党报上反映，并须登在显著的重要的地位，要有与党的生活与群众生活密切相联系的通讯员或特约撰稿员，要规定党政军民各方面的负责人经常为党报撰稿”①。在毛泽东为延安《解放日报》改版确定的基本方针中，增强党性与联系群众是并重的。社论提出这样的问题：怎么才能使报纸成为集体的宣传者、集体的鼓动者和集体的组织者，成为党手中最锐利和最有力的武器呢？回答是：党报必须具有党性、群众性、战斗性和组织性这样四种品质；使报纸的整个篇幅贯彻党的路线，反映群众情况，加强思想斗争，帮助全党工作的改进。

1944 年 2 月 16 日，延安《解放日报》在纪念创刊 1 000 期发表的社论中，首次提出“全党办报”这一概念，并指出这是办报的一条重要经验。由于实行了这个方针，“报纸的脉搏就能与党的脉搏呼吸相关了，报纸就起了集体宣传者和集体组织者的作用，报纸就能经过党的组织组成了在边区包含六百余人的广大通讯网，并能改革了文风，改进了技术”②。改版后的《解放日报》实现了由“一张不完全的党报”到一张完全的党中央机关报的转变，树立了联系群众、“深入实际，不尚空谈”、“没有调查就没有发言权”等党报工作应该具备的工作作风。

1945 年，在中国共产党第七次全国代表大会上，毛泽东从党的性质和宗旨出发，将“和最广大的人民群众取得最密切的联系”，作

---

① 《为改造党报的通知》，《解放日报》1942 年 3 月 16 日。
② 《本报创刊一千期》，《解放日报》1944 年 2 月 16 日。

为党的三大优良作风之一，作为中国共产党区别于其他任何政党的显著标志之一。这一群众立场体现了马克思主义的唯物史观，体现了中国共产党对群众历史地位和作用的深刻认识，体现了对社会发展规律的科学把握。

毛泽东于1948年发表的《对〈晋绥日报〉编辑人员的谈话》，集中反映了毛泽东关于新闻宣传工作的基本观点，他认为，马克思列宁主义的基本原则，就是要使群众认识自己的利益，并且团结起来，为自己的利益而奋斗。报纸的工作，就是教育群众，让群众知道自己的利益、自己的任务和党的方针政策。明确报纸的使命和任务后，毛泽东提出，“办报和办别的事一样，都要认真地办，才能办好，才能有生气。我们的报纸也要靠大家来办，靠全体人民群众来办，靠全党来办，而不能只依靠少数人关起门来办”①。这就是著名的“全党办报、群众办报”的方针。报纸工作本身，也要走群众路线。毛泽东举例说，报上常常有错字，如果采取群众路线的方法，报上有了错字，就把全报社的人员集合起来，不讲别的，专讲这件事，讲清楚错误的情况，发生错误的原因，消灭错误的办法，要大家认真注意。这样讲上三次五次，一定能使错误得到纠正。小事如此，大事也是如此。谈到走群众路线的意义，毛泽东认为，“善于把党的政策变为群众的行动，善于使我们的每一个运动，每一个斗争，不但领导干部懂得，而且广大的群众都能懂得，都能掌握，这是一项马克思列宁主义的领导艺术”。在这里，新闻宣传工作被视作党达到革命目的、实现为人民服务宗旨的重要手段。

新中国成立后，“全党办报、群众办报”作为党报新闻工作的优良传统传承下来，中国共产党领导下的各级党报普遍遵循“全党办

① 《毛泽东选集》第4卷，人民出版社1991年第2版，第1319页。

报、群众办报”的方针，加强党对报纸工作的领导，密切报纸和群众的关系。1956年7月1日，《人民日报》在《致读者》的改版社论中强调，我们的报纸名字叫“人民日报”，意思就是说它是人民的公共武器、公共的财产，人民是它的主人。社论还说，《人民日报》是党的报纸，也是人民的报纸，从它创刊到现在，一直是为党和人民的利益服务的，只有依靠人民群众才能把报纸办好。遗憾的是，“全党办报、群众办报”的传统在“文革”时期曾遭到严重破坏。

“文革”之后，党的群众路线的优良传统和作风得到恢复和发展。1981年，中国共产党十一届六中全会通过的《关于建国以来党的若干历史问题的决议》对党的群众路线作了完整表述，即“一切为了群众，一切依靠群众，从群众中来，到群众中去”①，第一次明确规定了党的群众路线的基本内容和基本要求。近年来，中国共产党提出的“立党为公，执政为民”，以及“权为民所用，情为民所系，利为民所谋”和“以人为本”等一些全新的执政理念，大大扩展了为人民服务的内涵，为新闻宣传工作贯彻为人民服务的基本方针、当好人民的耳目喉舌，指明了发展方向。

“全党办报、群众办报”是马克思主义的群众意识、群众观念在新闻传播活动中的集中反映和体现，与中国共产党的群众路线一脉相承。这个方针的要旨是，其一，动员和组织各级党的组织和全体党员，特别是党的干部，积极关心和参加报刊工作，切实地、有力地加强党对报刊的领导。其二，实行“开门办报”，面向群众，发挥群众的积极性和创造力。其三，办报人员要有群众观点，实行群众路线的工作方法。不管情况如何变化，中国共产党领导的新闻宣

---

① 《关于若干历史问题的决议》和《关于建国以来党的若干历史问题的决议》，中共党史出版社2010年版，第74页。

传工作都要信任群众，依靠群众，坚持全心全意为人民服务的宗旨，把实现人民群众的利益作为一切工作的出发点和归宿。

中国共产党把"全党办报、群众办报"作为新闻工作的基本路线方针，并通过各种形式和手段来加以保证，如组织党员和群众做好读报评报工作；开展读者调查，听取读者意见；鼓励党员和群众向党报反映情况，提供稿件；做好读者来信来访工作；建立健全通讯员队伍，做好通讯员工作；党组织将新闻工作列入议事日程，经常讨论、研究、支持和关心新闻工作；党委负责人亲自为党报撰写社论、评论，等等。随着传播生态的变革，如何在新形势下坚持"全党办报、群众办报"方针，需要进一步创新思路、创新手段，丰富这一方针的理论内涵和实践方式。

## 三、"没有调查，就没有发言权"

1930 年 5 月，为了反对当时红军中的教条主义思想，毛泽东写了题为《反对本本主义》的文章，本本主义也是教条主义。毛泽东要求全党、政府和军队中的一切共产党员，包括做经济工作和社会科学研究的人，都要进行调查研究。他说："没有调查，没有发言权。"后来他又把这句话改为——"不做调查没有发言权，不做正确的调查同样没有发言权"①。毛泽东本人也是调查研究和写作调查报告的专家。他的《湖南农民运动考察报告》《兴国调查》等重要的调查报告以及指导调查研究的《〈农村调查〉的序言和跋》《反对本本主义》等，是搞好调查研究、写作调查报告的重要参考样本。

马克思和恩格斯十分重视对社会实际的调查研究。青年恩格斯在居留英国期间，曾对英国工人状况和工人运动作了周密的调

---

① 《毛泽东选集》第 1 卷，人民出版社 1991 年第 2 版，第 118 页。

查研究，写有《英国工人阶级状况》这一著名的调查报告。第一国际总委员会曾任命一个委员会，负责审查关于巴塞尔代表大会的报道，马克思拒绝参加这个委员会的工作。他说，因为我没有出席这次代表大会，没有资格判断报道是否准确。恩格斯在另一个场合也讲到，对于不了解的情况，他不愿意参与报道。马克思花费长达40年的时间创作《资本论》的过程，其实就是他对资本主义社会进行调查研究的过程。

调查研究是践行"群众路线"的基本途径。刘少奇在《对华北记者团的谈话》中指出："我们党要通过千百条线索和群众联系起来，而你们的工作、你们的事业，就是千百条线索中很重要的一条。"在他看来，党和群众的联系在很大程度上需要新闻工作的深入开展，"党要尽一切可能联系群众，而千座桥，万条线，主要的一个就是报纸"。在谈话中，刘少奇提出新闻机构是专职的调查研究机构，新闻记者是专职的调查研究工作人员，他鼓励记者深入实际去考察党的政策是不是正确的——"你们根据许多材料，证明政策需要修改，就提出来，这是好的"①。党报工作重要的经验传统之一，就是踏踏实实地进行调查研究工作，同时虚心向实践学习，向人民群众学习，保持同人民群众的密切联系。

在和平建设时期，广大新闻工作者坚持到工厂、下农村、进部队，同工人、农民、战士和基层干部在一起，与他们同劳动、同生活，调查了解各地在执行中央的路线、方针、政策过程中存在的困难、出现的问题，以及基层群众的疾苦、要求和呼声。同时，新闻界也存在作风浮躁、脱离群众的问题。十六大以后，党中央向新闻界提出"贴近实际、贴近群众、贴近生活"的要求。其中，贴近群众是基

① 《中国共产党新闻工作文件汇编》(下)，新华出版社1980年版，第262页。

础，因为群众是社会实践的主体，是现实生活的主人，而贴近实际、贴近生活是关键，新闻工作者要贴近群众的生活和实际。“三贴近”要求新闻工作者坚持“三深入”，即深入实际、深入生活、深入群众，了解群众所急所需所想，以更好地为人民服务。

习近平曾提出，调查研究要有问题意识，要有的放矢。要紧紧围绕党的路线方针政策和中央重大决策部署的贯彻执行，深入研究影响和制约经济社会持续健康发展的突出问题，深入研究人民群众反映强烈的热点难点问题，深入研究党的建设面临的重大理论和实际问题，深入研究事关改革发展稳定大局的重点问题，深入研究当今世界政治经济等领域的重大问题①。这样才能使调查研究工作同中心工作和决策需要紧密结合起来，更好地为各级党委和政府科学决策服务，为提高党的领导水平和执政水平服务。新闻工作调查研究的重要价值，在于是不是抓住了当前社会上某些领域迫切需要解决的问题。为此，调查研究必须从现实要求出发，有针对性地提出问题、解决问题。

新闻工作倡导调查研究，实际上倡导新闻报道要体现两种意识：一是主体意识，把普通百姓当作新闻的主体，反映他们的真实生活；二是问题意识，不停留于生活的表面，要以实事求是的态度，善于发现问题，帮助群众反映问题和解决问题。新闻宣传工作要想赢得人心，必须始终坚持调查研究的目的是“一切为了群众”，调查研究的过程是“从群众中来”“到群众中去”，注重把群众的需求放在实际工作的首位，将人民群众关注的事情作为新闻报道关注的重点和热点，把群众的满意和认可作为检验新闻事业成败得失

① 《习近平总书记系列重要讲话读本》，学习出版社、人民出版社 2014 年第 1 版，第 182 页。

的重要标准。

## 四、调查研究是一项基本功

调查研究是做好新闻工作的一项基本功，调查研究能力是新闻工作者整体素质和能力的一个组成部分。新闻工作者的采写活动，本质上是一种调查研究工作，这决定了新闻工作必须深入实际工作和人民群众中去，进行独立的艰苦的工作，考察现实领域中的各种情况，了解群众的情绪、反映和要求，从调查研究中获得新闻报道的素材。同时，他们也在同人民群众广泛的接触中，改造自己的立场、感情和观点。

在报刊工作方法上，马克思恩格斯认为，最主要的是掌握调查研究、观察和分析实际问题的能力。马克思和恩格斯曾为党报工作者拟定调查研究的提纲，具体指导他们从事调研工作。他们还告诫党报工作者切忌带框框，不妨暂时摘掉玫瑰色的眼镜，用自己天生的肉眼瞧一瞧世界，要求编辑和作者一样，掌握第一手材料。

用事实说话，需要记者的深入调查。新闻工作者根据新闻报道的要求进行采访活动，也是一种调查研究。新闻工作与调查研究，需要通过各种途径，运用各种方式方法，有计划、有目的地了解事物真实情况；需要对调查材料进行去粗取精、去伪存真、由此及彼、由表及里的思维加工，以获得对客观事物本质和规律的认识。做了调查研究，未必能写出好的新闻作品，但不做调查研究，一定写不出好的新闻作品。调查研究是新闻报道工作的前提和基础，优秀的新闻报道是调查研究的外化和深化。

新闻工作的调查研究，要从客观实际出发，坚持结论产生在调查研究之后，即先有事实后有新闻。对调查了解到的真实情况和各种问题，既报喜又报忧，不唯书、不唯上、只唯实。处理好调查和研究两个环节的关系，在调查的基础上进行深入细致的思考，进行一番交换、比较、反复的工作，把零散的认识系统化，把粗浅的认识深刻化，直至发现问题本质，找到解决问题的正确办法。为此，新闻工作者须遵循新闻传播规律，秉承以人为本的理念，俯下身子、沉下心来，在贴近生活的调查报道中把握事实信息，做真实可信、有说服力的新闻报道。

满足受众需求，是新闻工作调查研究的出发点，也是新闻传播的落脚点。新闻工作必须扎根于人民群众之中，想群众之所想，急群众之所急，充分体现群众意愿，满足群众需求，要善于用群众喜闻乐见的方式和文风搞好新闻报道。在衡量新闻报道的价值标准上，需要确立的是，贴近群众的新闻才是好新闻，真实反映群众生活的新闻才是好新闻，真实表达群众观点的新闻才是好新闻。为了充分发挥党和人民喉舌的作用，新闻工作者首先要当好"耳目"。

新闻工作的调查研究，要做好基层调研、专题调研和典型调研的结合统筹工作。基层调研可以使新闻工作者获得对我国社会状况的基本认识，学到调查研究的基本方法，培养实事求是的工作作风。对新闻工作者来说，特别是对年轻的新闻工作者来说，是一种不可缺少的基本训练。专题调查研究是新闻工作者经常采用的方法。这种比较深入的考察，可以使新闻工作者获得某项具体工作较为丰富的材料，进行较为深刻的分析，是提高新闻报道质量的有效途径。典型调研，又叫"解剖麻雀"，此法可以通过占有大量生动具体详尽的材料，找出具有普遍意义、有价值的经验和值得借鉴的教训。

回应社会关切，提升议题设置能力，需要新闻工作者加强调查研究。中国改革开放 30 多年，经济发展取得卓越成就，但改革越是深入，问题也越是复杂，诸多关键问题直接影响到中国的未来。新闻工作有必要进一步深刻反映我国改革发展的生动实践，对带有全局性、战略性、前瞻性、针对性的重大问题、热点难点问题或重大事件，进行深入调研，理性揭示中国国情的复杂、发展过程的复杂。基层、群众、重要典型和困难的地方，应成为调研重点，要花更多时间去了解和研究。除了发现问题、正视问题，更要有直面社会争议的勇气，对群众“最盼、最急、最忧、最怨”的问题更要主动调研，抓住不放，真正“听到实话、察到实情、获得真知、收到实效”。在错综复杂的情况中认清真相，在众说纷纭的意见中把握主流，承担新闻传媒的社会责任，推动社会发展进步。

## 五、深化“走转改”，践行群众路线

当代中国正处于“黄金发展期”和“矛盾凸显期”两个时期的交汇点，胡锦涛在2011年的“七一”讲话中指出，执政党目前面临着“执政考验、改革开放考验、市场经济考验、外部环境考验”，同时还面临着“精神懈怠的危险、能力不足的危险、脱离群众的危险、消极腐败的危险”。

为更好地落实新闻工作中的群众方法，促进新闻单位继续深入实际、深入生活、深入群众，真正让“三贴近”落到实处，自2011年8月开始，在中宣部等五部门的倡导和部署下，全国新闻界广泛深入地开展了“走基层、转作风、改文风”学习实践活动。走基层就是要求广大新闻工作者深入一线，和群众谈心交朋友，了解群众需求，向群众学习，接地气，增底气，以便更好地为人民服务。转作风就是转变工作作风，踏踏实实，反对形式主义、闭门造车和从网上扒新闻、拼稿件等。改文风就是切忌官话、套话和假话，而是要用群众语言说话，说群众话，增强新闻亲和力、吸引力和感染力，让群众爱读爱听爱看，让报道入耳入脑入心。活动开展以后，各新闻单位高度重视、精心组织，广大新闻工作者积极参与、深情投入，受到社会各界的广泛好评，引起比较强烈的社会反响。

“走转改”是新闻战线的一场正本清源的实践活动。这场实践活动，是在总结多年来新闻工作教训的基础上提出的，也是基于对当前党和国家发展过程中舆论环境变化的清醒认识上提出的。这场实践活动，发扬了党的新闻工作传统，有着深厚的历史根基；遵循了新闻的客观规律，有着扎实的理论支撑。

对新闻工作来说，“走转改”是从容应对“四大考验”和“四大危险”，保持正确思想舆论在社会政治生活中占据主导地位的有效进路。通过“走转改”，广大新闻工作者深刻理解了“基层在哪里”的命题，在他们的思考中，基层在矛盾突出的地方、在困难较多的一线，他们以对党负责和对人民群众负责的精神，记录群众心声和时代变迁，进一步认清了新闻工作者的使命。一次次下基层，也是一次次深刻的“国情”“民情”教育，使广大新闻工作者面对“为了谁、依靠谁、我是谁”的考问，头脑更清醒，进一步明确了新闻宣传工作必须运用马克思主义的立场、观点、方法，直面矛盾、正视问题，为推动国家统一、经济发展、社会进步、民族团结提供精神动力和思想支撑。

随着社会环境变迁和媒介技术日新月异，一段时间以来，一些新闻工作者心态和作风出现“异化”，电话采访、邮件采访、依靠人脉关系采访部分代替了深入实际、调查研究的好作风。“走转改”活动的开展，使得宣传部门和新闻单位的领导带头下基层，通过一系列机制保障“走转改”的常态化和效果，新闻宣传工作的群众观点和群众路线再次得到加强。新闻工作者深入田间地头、街道社区、工厂矿山、沿海边疆，将社会不同群体与他们的日常生活和工作统一起来，既展示了基层不同群体的生活，又试图沟通不同群体间的思想认识;既能够看到社会发展问题,也在尝试寻找解决矛盾的方法。

“走转改”活动之所以能取得比较显著的成效,除了科学统筹管理外,关键在于活动本身与新闻工作的本质规律相贴合,采访写作符合新闻生产的流程,报道成品包含极大的新闻价值。在新闻采写方式上,“走转改”报道以体验式采访为主,记者亲自感受群众疾苦,力争先感动自己再感动别人。在主题选择上,没有刻意强化“走转改”的宣传价值,而是聚焦民生,着力于医疗、教育、住房等广大群众关心的焦点、难点、热点,压缩冗余信息,增大报道的实用性与服务性。在报道呈现上,不时常见组合式报道、目击记、评论等多种文体精心搭配,现场意识、问题意识显著。另外,“走转改”报道体现了很强的采编互动性,特别是中央级媒体广泛联手地方部编辑组、地方分社记者和编辑室年轻记者联合采访,适时推出深度调研选题及专题报道。通过“走转改”,新闻队伍尤其是年轻编辑记者的专业素养得到很大的提升。

正如刘云山同志所言,“新闻工作者的位置应当是‘在路上、在基层、在现场’,在路上心里才会有时代,在基层心里才会有群众,在现场心里才会有感动”[①]。一次次的“走转改”实践,有利于遏制新闻队伍的贵族化、浮躁化倾向,有助于新闻工作者摆脱骄、娇二气,给新闻工作队伍带来了新的风貌。通过座谈会、业务培训等多种模式,特别是改革现行的业绩考评机制,将“走转改”成果向评比、评优倾斜,调动了广大编辑记者的“走转改”的积极性,他们更加努力贴近群众、贴近实际、贴近生活。

---

① 刘云山:《在中央电视台“新春走基层”活动座谈会上的讲话》(2012年2月7日),新华社。

“走转改”活动取得了良好的开端，获得了显著的成效，但必须清醒地认识到，“走转改”要避免成为一阵风，就必须做到常态化。“走转改”活动常态化的关键，在于在尊重新闻规律的基础上，通过对活动参与主体的建章立制，改进新闻生产流程，推进媒体管理创新，进一步深化和拓展。“走转改”不是目的，而是一种科学的方法，其核心目标应紧紧围绕科学发展的主题，进一步提升主流媒体的舆论引导能力、社会影响能力和群众服务能力。新闻单位要自觉围绕中心、服务大局，打通主流媒体与民间两个舆论场，引领社会思潮，凝聚社会共识，回应社会需求，弥合社会分歧。新闻工作者要自觉做改革开放的参与者，而不是社会进程的旁观者。只有对目标的认知更清晰了，新闻工作者“走”的步伐、“转”的决心、“改”的动力才会更加自觉和更加坚实。

坚持“走转改”，最重要的是推动新闻舆论工作者的世界观改造，强化“政治家办报”意识。在党的新闻舆论工作座谈会上，习近平强调，媒体竞争关键是人才竞争，媒体优势核心是人才优势。要加快培养一支政治坚定、业务精湛、作风优良、党和人民放心的新闻舆论工作队伍。新闻舆论工作者要增强政治家办报意识，在围绕中心、服务大局中找准坐标定位，牢记社会责任，不断解决好“为了谁、依靠谁、我是谁”这个根本问题。

# 第八章　新闻自由与宣传纪律

新闻自由(freedom of the Press),是指通过宪法或相关法律法规保障本国媒体和公民采访、写作、报道、发布及接受新闻,创办媒体,出版、发行媒介产品等的自由权利。又称出版自由、新闻出版自由。新闻自由是民主制度的鲜明标志,作为公民的一项重要的民主政治权利,在近代民主制度中得到了普遍的确认①。马克思、恩格斯等革命导师高度评价新闻自由②对于人类社会和精神发展的巨大推动作用,强调新闻出版是个人表达其精神存在的最普遍的方式③。同时他们批判资产阶级新闻出版自由的虚伪性。在他们看来,只有在人民当家做主的社会,消除了阶级压迫,人民才会有广泛的真正的新闻出版自由。正如恩格斯所说:在社会主义条件下才"第一次能够谈到真正的人的自由,谈到那种同已被认识的

---

① 童兵、陈绚主编:《新闻传播学大辞典》,中国大百科全书出版社 2014 年版,第 5—6 页。

② 在《马克思恩格斯全集》的旧译中,马克思原著德文中的"die presse"和以这个词为词根的名词和动词都译为"出版""出版物""出版法""出版……","die presse freiheit"译为"出版自由"。重新编译时认为按照对德文"die presse"一词的原来含义的准确理解和对马克思的原文的全面理解,马克思使用"die presse"及以此为词根的词,主要不是指大部头的书籍及其出版,而是指报刊和新闻界;只在一定程度上包括了书籍的出版。为了准确表达马克思的原意,旧译文中所有"出版"和绝大多数"出版物"等词,均根据上下文的语境,改译为"新闻出版""报刊""新闻出版界""新闻出版业"等。原"出版自由"也全部改译"新闻出版自由"。参见马闻理:《"新闻出版自由"见于经典著作》,《新闻记者》1995 年第 10 期。

③ 《马克思恩格斯全集》第 1 卷,人民出版社 1995 年第 2 版,第 136—202 页。

自然规律相协调的生活”①。

世界上没有所谓无限的新闻自由，新闻自由既要受到所在国家宪法、法律和规范的约束，也要受到国家利益的制约，还要受到社会伦理道德和风俗习惯的影响，在具体实践上呈现多种样态。例如，从国家政治与新闻传播媒介的关系上看，“老欧洲”与北美两国共18个“西方民主国家”的传媒体制就可以划分出三大模式：“地中海或极化多元主义模式”“北欧/中欧或民主法团主义模式”“北大西洋或自由主义模式”，英美式的自由不过是其中一个模式，甚至英国与美国的传媒体制尚且有所不同②。因此，不能片面将美国式的奠基于传播媒介私有制上的新闻自由视为“普世价值”。

我国是社会主义国家，我国的新闻自由具有社会主义的优越性，具有不受资本奴役、新闻生产资料由国家掌握和支配、社会最大多数人实际享有等特征。如果说西方新闻界也主张新闻媒体要承担社会责任，认可政府对新闻界的适当干预，但是更强调自由的优先价值，也就是“自由前提下的责任”。马克思主义并不否认新闻自由的价值，但更强调新闻工作的政治意识、责任意识、大局意识，提倡责任的优先价值，也就是“责任前提下的自由”③。由于社会政治制度的根本差别和意识形态的尖锐对立，我国的新闻自由状况长期受到以美国为主的发达资本主义国家的诋毁和攻击，比如受到美国国家民主基金会援助的“记者无国界”组织，把支持“私有媒体”、反对“国家垄断媒体”作为最重要的评价指标，在每年的“全球新闻自由指数”中抹黑中国，即是其中一例。我们一方面不

---

① 《马克思恩格斯文集》第3卷，人民出版社1972年第1版，第154页。

② 丹尼尔·哈林、保罗·曼奇尼：《比较媒介体制：媒介与政治的三种模式》，陈娟等译，中国人民大学出版社2012年版，第66—68页。

③ 陈建云：《马克思主义新闻观与西方新闻理念的根本区别》，《社会主义研究》2011年第3期。

能受西方干扰，否认或者讳言新闻自由，一方面不能停止中国特色社会主义新闻思想体系建设，其中，新闻自由与宣传纪律的辩证关系，是其中一个重要的组成部分。

本章结合新闻自由与宣传纪律两个主题来评介马克思主义新闻观。

## 一、宪法保障下的新闻自由

《中华人民共和国宪法》第三十五条规定："中华人民共和国公民有言论、出版、集会、结社、游行、示威的自由。"言论、出版自由是我国公民享有的一项基本政治权利。言论、出版自由在不同的领域有不同的体现形式，比如在学术领域即学术自由，新闻自由是言论、出版自由在新闻传播领域的体现，是公民依法在新闻传播领域享有并实现的言论和出版自由。所谓政治权利，就是公民依照法律规定参加国家政治生活的民主权利，公开地表达，包括通过出版物和新闻媒介表达并传播自己对国家和社会公共事务的意见，正是公民参加政治生活最经常最普遍的一种方式。尽管我国宪法没有明文写定"新闻自由"，但是从法理上看则顺理成章，新闻自由是言论和出版自由的一种合理延伸。

我国《宪法》第四十一条规定："中华人民共和国公民对于任何国家机关和国家工作人员，有提出批评和建议的权利；对于任何国家机关和国家工作人员的违法失职行为，有向有关国家机关提出申诉、控告或者检举的权利，但是不得捏造或者歪曲事实进行诬告陷害。"据此，公民有依据事实、通过新闻媒介进行批评和建议的权利，由此衍生出新闻媒介进行舆论监督和批评报道的权利。

《宪法》第二十二条又规定："国家发展为人民服务、为社会主义服务的文学艺术事业、新闻广播电视事业、出版发行事业、图书馆、博物馆、文化馆和其他文化事业，开展群众性的文化活动。”因此，新闻广播电视事业、出版发行事业属于广义上的文化事业，有为人民服务、为社会主义服务的责任与义务。《宪法》第四十七条规定：“中华人民共和国公民有进行科学研究、文学艺术创作和其他文化活动的自由。国家对于从事教育、科学、技术、文学、艺术和其他文化事业的公民的有益于人民的创造性工作，给以鼓励和帮助。”结合第二十二条，新闻传播活动属于文化活动，同时，新闻工作者应当受到国家的支持和保护。

《宪法》第五十一条规定：“中华人民共和国公民在行使自由和权利的时候，不得损害国家的、社会的、集体的利益和其他公民的合法的自由和权利。”就新闻自由而言，违反法律规定滥用自由，侵犯国家、社会和集体的利益以及他人的权益的行为，将构成违法、侵权乃至犯罪行为，要承担相应的法律责任。

综合我国宪法相关条款，可知社会主义中国的新闻自由，其享有主体是包括新闻从业者在内的全体公民。根据我国宪法精神，公民享有知情权、参与权、表达权、监督权等公民权利和自由，党的十七大报告对此予以明确表述。新闻自由不仅涉及表达权，同时也涉及知情权、参与权和监督权。可以理解为它既是受到保护的公民知情权、参与权、表达权、监督权在新闻媒介上的体现，同时也是通过新闻媒介帮助公民实现知情权、参与权、表达权、监督权的重要工具。从本质上说，新闻自由不是新闻媒介的专有权利，新闻自由属于全体公民。从内容上说，新闻自由既包括普通公民通过新闻媒介所享有的知情、参与、表达、监督的权利，又包括新闻工作者在新闻业务活动中所享有的各项职业权利，比如采访权、报道权、发布权、批评权等等。

## 二、马克思主义发展史中的新闻自由观

在马克思主义新闻观中，新闻自由是最重要的理念之一。回顾马克思主义发展史，新闻自由是马克思和恩格斯投身社会斗争时首先论证的问题[①]，也是马克思、恩格斯、列宁、毛泽东等革命家在毕生的新闻实践和社会斗争中，多次阐述和论辩的问题。所以，马克思主义的新闻自由观并非空洞的、理想化的口号，而有着在具体斗争实践中磨砺与发展的现实政治性。

第一，无产阶级革命导师高度评价新闻自由的进步性。新闻自由思想的形成和新闻自由作为一种政治口号的提出，是近代科学推动社会发展的结果，火药、指南针尤其是印刷术这三大发明，为资产阶级反对封建制度的斗争提供了条件和物质基础。资产阶级在经济上的进取必然伴随在政治上的要求，资本主义市场经济的发展必然伴随着争取新闻自由的斗争。马克思在谈到普鲁士资产阶级要求新闻自由时强调："资产阶级为了达到它的目的，就必然要取得自由讨论自身利益、观点以及政府的行动的可能。它把这叫做'出版自由权'。……而这是自由竞争的必然后果。"[②]列宁也指出："'出版自由'这个口号从中世纪末直到19世纪成了全世界一个伟大的口号。为什么呢？因为它反映了资产阶级的进步性，即反映了资产阶级反对僧侣、国王、封建主和地主的斗争。"[③]正是依靠新闻自由，英美法等国完成了资产阶级革命，在"知识的社会"（商品社会）战胜"信仰的社会"（封建社会）这一历史进程中，新闻

---

① 1842年，青年马克思批评普鲁士新的书报检查制度的文章，是他在政治上的锋芒初露。

② 尹韵公等编：《马克思、恩格斯、列宁、斯大林论新闻出版》，中国社会科学出版社2012年，第121页。

③ 《列宁全集》第42卷，人民出版社1987年第2版，第85页。

自由是赢得胜利的关键,在某种程度上,新闻自由权是其他自由权——比如财产权、人身权的基础和保障。马克思说过:“没有新闻出版自由,其他一切自由都会成为泡影。自由的每一种形式都制约着另一种形式,正像身体的这一部分制约着另一部分一样。只要某一种自由成了问题,那么,整个自由都成了问题。”①

第二,批判资产阶级新闻自由的虚伪性。虽然在资产阶级革命成功之后,美、法等很多国家将新闻自由写入宪法,但是宪法原则与具体法律之间有巨大差异,理论与实践往往脱节。马克思在研究法国大革命时期的文献时发现,虽然《人权宣言》和 1793 年宪法规定了“不受限制的新闻出版自由”,但是在现实社会生活中“出版自由又被完全取缔”②。资产阶级革命以政治解放为目的,一旦目的达到,人权就仅仅成为保持其政治合法性的幌子。马克思指出,资产阶级口头上标榜是民主阶级,而实际上并不想成为民主阶级,它承认原则的正确性,但是从来不在实践中实现这种原则。因此,虽然宪法中有关新闻自由的条款冠冕堂皇,但是在依据宪法进行的具体立法中则大打折扣,“宪法的每一节本身都包含有自己的对立面,包含有自己的上院和下院:在一般词句中标榜自由,在附带条件下废除自由”③。他称资产阶级关于新闻自由的全部立法措施为“渗透着戒严精神的法案”,“出版自由——同时旁边还有绞架”④。

第三,揭露资产阶级新闻自由的资本属性。恩格斯指出,新闻自由包括了两方面的内容:一是政治上的新闻自由,即新闻自由实

---

① 《马克思恩格斯全集》第 1 卷,人民出版社 1995 年第 2 版,第 201 页。
② 《马克思恩格斯全集》第 3 卷,人民出版社 2002 年第 2 版,第 186 页。
③ 《马克思恩格斯全集》第 8 卷,人民出版社 1965 年第 1 版,第 135 页。
④ 《马克思恩格斯全集》第 6 卷,人民出版社 1965 年第 1 版,第 432 页。

现的政治制度保障；二是经济上的新闻自由，即新闻自由实现的经济制度保障。而在资本主义条件下，经常存在政治上似乎平等、经济上却不平等的情况。马克思强调："自由这一人权的实际应用就是私有财产这一人权。"①列宁进一步指出资产阶级新闻自由的实质是富人和资本的自由："资本家把取消书报检查和各党派可以自由出版任何报纸叫作'出版自由'。""这实际上并不是出版自由，而是资产阶级富翁欺骗被压迫被剥削人民群众的自由。""为什么会这样呢？大家都很清楚这是为什么。因为出版报纸是资本主义的有利可图的大行业，富人把几百万几百万卢布投入这一行业。资产阶级社会的'出版自由'就是富人有自由在每天数百万份的报纸上有计划地不断地欺骗、腐蚀和愚弄穷人——被剥削被压迫的人民群众。"②"在全世界，凡是有资本家的地方，所谓出版自由，就是收买报纸、收买作者的自由，就是买通、收买和炮制'舆论'帮助资产阶级的自由。"③在"黄金的链条"牵制之下，新闻出版界完全被商业利润驱动，资产阶级报人直接或间接地为了个人利益、为了自己的党派和政府，从事出卖灵魂的"奴隶劳动"。即便是在新闻自由程度最高的英国，马克思感慨说："在伦敦哪里有'独立自主的'报刊的一点点影子呢？"④他讽刺英国商业报纸的代表《每日电讯报》："伦敦所有厕所都通过一些隐蔽得很巧妙的管子，把人体的脏物排到泰晤士河里。同样，世界名城也通过一些鹅毛管笔把它所有的社会脏物都排到一个纸制的藏污纳垢的大中心——《每日电讯报》里。"⑤

---

① 《马克思恩格斯文集》第 1 卷，人民出版社 2002 年第 2 版，第 183 页。
② 《列宁全集》第 32 卷，人民出版社 1985 年第 2 版，第 227—228 页。
③ 《列宁全集》第 42 卷，人民出版社 1987 年第 2 版，第 85 页。
④ 《马克思恩格斯全集》第 35 卷，人民出版社 1971 年第 1 版，第 76 页。
⑤ 《马克思恩格斯全集》第 14 卷，人民出版社 1964 年第 1 版。第 656 页。

第四，指出新闻自由对于无产阶级是不可或缺的重要武器。虽然新闻自由是资产阶级为了自身的发展而提出的，但由于它以普遍人权的形式出现，工人阶级也有可能得到部分新闻自由，恩格斯评价说："比起旧的奴隶制来，这就是历史性的进步，至少是自由的原则已被承认了，而被压迫者自己也关心如何使这个原则实现。"①无产阶级不仅应该同资产阶级一起，为争取新闻自由英勇斗争，而且应该在资产阶级背叛自己以后，继续为新闻自由冲锋陷阵。因为没有这些自由，无产阶级就不能获得运动的自由，争取这些自由，同时也就是争取自己本身存在的条件，争取自己呼吸所需要的空气。新闻自由是工人运动发展的必要条件，因此马克思把争取自由的权利视为"任何严肃的工人运动的出发点"②。恩格斯也指出："没有出版自由、结社权和集会权，就不可能有工人运动。"③在工人阶级争取解放的过程中，要善于争取和利用新闻自由，恩格斯在第一国际时期说过："政治自由、集会结社的权利和出版自由，就是我们的武器；如果有人想从我们手里夺走这个武器，难道我们能够袖手旁观放弃政治吗？"④"争取这些自由的斗争，同时也就是工人政党争取自己本身生存条件、争取自己呼吸所需空气的斗争。"⑤在俄国和中国的革命过程中，革命党人都曾争取新闻自由，并以报刊为阵地，进行组织、宣传与鼓动工作。

第五，强调新闻自由的阶级性。在阶级斗争尖锐对立、一个阶级剥夺另一个阶级利益的历史条件下，新闻自由是具有阶级性的，不存在超越阶级的新闻自由。1848—1849 年，马克思恩格斯在革

---

① 《马克思恩格斯全集》第 2 卷，人民出版社 1957 年第 1 版，第 47 页。
② 《马克思恩格斯全集》第 21 卷，人民出版社 2003 年第 2 版，第 458 页。
③ 《马克思恩格斯全集》第 21 卷，人民出版社 2003 年第 2 版，第 112 页。
④ 《马克思恩格斯全集》第 17 卷，人民出版社 1963 年第 1 版，第 450 页。
⑤ 《马克思恩格斯全集》第 21 卷，人民出版社 2003 年第 2 版，第 114 页。

命高潮中，在出版《新莱茵报》的过程中，有一段时间享受到了新闻自由。但是随着革命的失败，欧洲陷入黑暗的反动时期，工人运动转入低潮，无产阶级被剥夺了新闻自由。这一经历，使他们对新闻自由有了进一步的认识：当广大人民不再利用新闻自由这一武器去拥护资产阶级，却要利用这一武器去反对资产阶级时，当权者就试图摧毁这一自由[①]。同样，在激烈的阶级斗争中，无产阶级也不能将这一自由拱手相让。1871 年巴黎公社期间，马克思恩格斯支持工人政权一方面最大限度地实现人民的新闻自由，一方面对从事阴谋活动的反动报刊实施"公安措施"，这一观点成为无产阶级专政下新闻统制的重要内容。列宁进一步指出，现代社会的新闻自由本质上就是建立政治组织的权利，因为报刊是政治组织的中心和基础，当全世界资产阶级比新生政权强大得多的情况下，如果让资产阶级拥有这种自由，就是为敌人的活动打开方便之门，就是政治自杀[②]。因此在十月革命之后的危急情况下，列宁坚决主张取缔反动报刊，并与党内持不同意见的同志多次激辩。新中国成立后，毛泽东更多地从阶级观点看待新闻事业和新闻自由："在阶级消灭之前，不管通讯社或报纸的新闻，都有阶级性。资产阶级所说的'新闻自由'是骗人的，完全客观的报道是没有的。"[③]"我们的制度，就是不允许一切反革命分子有言论自由，而只许人民内部有这种自由。我们在人民内部，是允许舆论不一律的，这就是批评的自由，发表各种不同意见的自由。"[④]江泽民进一步阐述了毛泽东的新闻自由阶级性观点，1989 年 11 月，他在新闻工作研讨班上说："在

① 《马克思恩格斯全集》第 6 卷，人民出版社 1961 年第 1 版，第 121、129—130 页。
② 《列宁全集》第 42 卷，人民出版社 1987 年第 2 版，第 85—86 页。
③ 《毛泽东新闻工作文选》，新华出版社 1983 年，第 191 页。
④ 《毛泽东选集》第 5 卷，人民出版社 1977 年，第 157 页。

任何一个国家中，都不存在绝对的毫无限制的'新闻自由'。在国际上还存在社会主义和资本主义的对立，在国内阶级斗争还在一定范围内存在的情况下，自由就不能不带有阶级性。"①

第六，强调新闻自由受法律保护。马克思和恩格斯既提倡新闻自由，又从不把新闻自由理解成不受限制的自由。马克思批评说："我们想干什么，我们就干什么。我怎样想就怎样下命令，意志代替合理的论据。这完全是统治者的语言。"②恩格斯也指出，"认为自由就是为所欲为"是一种"中世纪的野蛮"③。他们认为，新闻自由应当受到法律的保障和约束，在一定的道义原则下有机运行。这里的法律，是反映人类精神的科学的法律，这里的道义，是符合人的理性的普遍的道德。"新闻出版法惩罚的是滥用自由。书报检查法却把自由当成一种滥用而加以惩罚。""新闻出版法是真正的法律，因为它是自由的肯定存在。它认为自由是新闻出版的正常状态，新闻出版是自由的存在；因此新闻出版法只是同那些作为例外情况的新闻出版界的违法行为发生冲突。"④"法典就是人民自由的圣经。因此，新闻出版法就是对新闻出版自由在法律上的认可。"⑤

列宁强调，社会主义新闻自由与资产阶级新闻自由有本质不同："资产阶级认为，出版自由就是富人有出版报纸的自由，就是由资本家霸占报纸。这种霸占的实际结果是使包括最自由的国家在内的世界各国到处都有卖身投靠的报刊。工农政府认为，出版自

---

① 江泽民：《关于党的新闻工作的几个问题》，载《中国新闻年鉴》，1990 年。
② 《马克思恩格斯全集》第 1 卷，人民出版社 1995 年第 2 版，第 157 页。
③ 《马克思恩格斯全集》第 1 卷，人民出版社 1956 年第 1 版，第 547 页。
④ 《马克思恩格斯全集》第 1 卷，人民出版社 1995 年第 2 版，第 175 页。
⑤ 《马克思恩格斯全集》第 1 卷，人民出版社 1995 年第 2 版，第 176 页。

由就是使报刊摆脱资本的压迫，把造纸厂和印刷厂变成国家的财产。”[①]苏联建立了第一个社会主义新闻事业，用革命手段剥夺资产阶级新闻自由，剥夺资产阶级报刊的物质基础，建设社会主义新闻事业。一方面制定并颁布宪法，保障社会主义新闻自由；一方面确立党对新闻事业的领导地位，坚持党性原则。由苏联所确立的社会主义新闻自由的基本特征是：第一，实行新闻生产资料公有制；第二，新闻事业为公民所享有；第三，剥夺敌对阶级和反动势力的新闻自由；第四，坚持权利与义务、自由与纪律的统一[②]。

## 三、新闻有自由，宣传有纪律

中华人民共和国建立后，党和国家明确以宪法的形式保护公民的言论、出版自由。1949 年具有临时宪法作用的《中国人民政治协商会议共同纲领》第五条规定：“中华人民共和国人民有思想、言论、集会、结社、通讯、人身、居住、迁徙、宗教信仰及示威游行的自由权。”第四十九条规定：“保护报道真实新闻的自由。禁止利用新闻以进行诽谤，破坏国家人民的利益和煽动世界战争。发展人民广播事业。发展人民出版事业，并注重出版有益于人民的通俗书报。”此后的历次宪法都规定了言论、出版自由。我国建立的社会主义新闻体制的基本特点是：在全社会公开进行的新闻传播活动必须由国家许可设立的新闻媒介进行，这些活动必须坚持中国共产党的领导、坚持为人民服务和为社会主义服务的方向。需要指出的是，在“反右”“大跃进”“文化大革命”等时期，新闻自由远离法制轨道，一方面是大鸣大放，一方面是噤若寒蝉，片面强调国内阶

① 《列宁全集》第 33 卷，人民出版社 1985 年第 2 版，第 47 页。
② 丰纯高：《社会主义新闻自由》，中国传媒大学出版社 2014 年版，第 51 页。

级斗争，将人民内部矛盾归结为敌我矛盾，对全社会造成极大伤害。改革开放以后，党的工作中心转向经济建设，在体制改革和法制建设中，公民的政治民主权利依法得到保障，新闻自由度也得到空前提高。

由于社会制度的根本不同，我国长期面临西方资本主义思想观念的渗透与进攻。为了保障意识形态安全和社会稳定，新闻工作一直是党的工作的重要部分。相当长的时间里，党委及其宣传部门不仅直接实施对新闻事业的政治领导，而且代行政府管理部门的行政管理职权。在 1978 年以前，新闻宣传在管理上实行单一事业体制。改革开放以来，随着经济社会的发展，特别是互联网等新的媒介形式的崛起，原有的管理体制已经不能满足广大人民群众的精神生活需求。为此，党领导了自上而下的传媒体制改革：1978—2002 年，以事业体制为主导，适度允许传媒的经济性与产业性诉求；2003—2005 年，传媒“事业体制、企业化管理”；2006 年至今，区分公益性与经营性两种不同属性、功能与目标诉求，将传媒事业和传媒产业“两分开”①，2014 年十八大三中全会以后，为积极地推动转企改制，对于进行股份制改革的国有传媒实行“特殊管理股”。传媒改革极大地解放了生产力，使我国跃居世界传媒大国之列。值得注意的是，传媒所有权与经营权虽然分离，传媒所有权与控制权却并未分离，“党管媒体”始终不变。无论是传媒事业还是传媒产业，除了受到宪法、法律的保障与约束，还要遵守党的新闻宣传纪律。

毋庸置疑，中国的新闻自由是在历史发展过程中不断总结、完

① 刘艳娥：《生态文明语境下中国传媒体制改革的基本逻辑与基本问题研究》，《出版科学》2014 年第 3 期。

善的制度建设过程。邓小平晚年对“弱势阶段”的认识指出，无产阶级作为一个新兴阶级夺取政权、建立社会主义制度后，本身的力量在一个相当长时期内肯定弱于资本主义，这就决定了我国必须经过逐渐积累综合国力的社会主义初级阶段。这个由弱势国家逐渐走向强势国家的历史背景，决定了我国政府的执政理念和执政方式有着很大的特殊性[①]。这种特殊性决定了我国在新闻自由开放度方面只能走渐进路线，新时期传媒的基本任务是邓小平所提出的“成为全国安定团结的思想上的中心”，党领导下的新闻宣传事业为维护国家安全、民族团结、社会稳定、弘扬正气、凝聚民心、一心一意搞建设做出了重要贡献。国务院新闻办公室每年发布《中国人权事业的进展》白皮书，向全世界公布包括言论出版自由在内的中国人权状况。同时，国情的特殊性也决定了我国的新闻自由是在中国共产党领导下的自由，是有政治前提、有法律限制、有纪律约束、有道德自律的自由，是民主与集中、普遍与具体、自由与纪律的统一。在现阶段，国际形势复杂多变，国内改革进入深水期，利益分化，问题凸显，中国步入高风险社会；而经济要发展，社会要稳定，人民需要一个民主、平等、有序的政治参与空间，在这样的时代背景下，对于新闻宣传工作者来说，要讲新闻自由，也要讲宣传纪律。

新闻工作者在履行自己的职责时，首先必须遵守法律法规。我国已经初步建成有中国特色的社会主义法律体系，有关新闻传播的法律规定散见于宪法、基本法律、专门法律、行政法规、行政规章、地方性行政法规、国际条约中。虽然我国现在还没有专门的新闻传播法[②]，但有关新闻传播活动的法律规范已经较为完备。现有

① 尹韵公：《论邓小平新闻思想的历史方位》，《新闻与传播研究》2004 年第 3 期。
② 《我国正研究传播立法 首部新闻法或将诞生》，《京华时报》2014 年 2 月 1 日。

的新闻传播法制保障公民合法权益、维护新闻机构利益、规范新闻传播活动，同时对于新闻传播与国家安全、新闻传播与社会秩序、新闻传播与司法公正、新闻传播与著作权、新闻传播与人格权、新闻传播与程序法、新闻传播与特殊新闻信息等方面的关系加以厘清[①]。特别是国务院制定的行政法规对于新闻传播的禁载禁播内容做了非常详细规定。比如《出版管理条例》规定，任何出版物不得含有下列内容：反对宪法确定的基本原则的；危害国家统一、主权和领土完整的；泄露国家秘密、危害国家安全或者损害国家荣誉和利益的；煽动民族仇恨、民族歧视，破坏民族团结，或者侵害民族风俗、习惯的；宣扬邪教、迷信的；扰乱社会秩序，破坏社会稳定的；宣扬淫秽、赌博、暴力或者教唆犯罪的；侮辱或者诽谤他人，侵害他人合法权益的；危害社会公德或者民族优秀文化传统的；有法律、行政法规和国家规定禁止的其他内容的。与此类似，《广播电视管理条例》规定禁止播放、制作含有下列内容的节目：危害国家的统一、主权的领土完整的；危害国家的安全、荣誉和利益的；煽动民族分裂，破坏民族团结的；泄露国家秘密的；诽谤、侮辱他人的；宣扬淫秽、迷信或者渲染暴力的；法律、行政法规规定禁止的其他内容的。这些都是新闻宣传工作者不能触犯的法律底线。

由于法律只能规范行为，不可能规范思想，所以在国家的法律法规之外，主要用党的纪律来补充新闻宣传纪律。党章规定："党的各级组织的报刊和其他宣传工具，必须宣传党的路线、方针、政策和决议。"《中国共产党纪律处分条例》对公开发表反对四项基本原则和改革开放的文章、演说、宣言、声明等的，公开发表违背四项基本原则的言论，违反有关规定播出、刊登、出版有严重政治问题

---

① 魏永征：《新闻传播法教程》(第四版)，中国人民大学出版社 2014 年版。

等行为，予以党纪处分。《中国共产党党内监督条例（试行）》也规定："新闻媒体应当坚持党性原则，遵守新闻纪律和职业道德，把握舆论监督的正确导向，注重舆论监督的社会效果。"宣传纪律是党的纪律的重要组成部分。宣传纪律要求党的宣传工作必须服从党的领导，凡是涉及党的路线、方针、政策以及重大政治性理论问题，必须同党中央保持一致。而一切从事党的宣传工作的党组织和党员，也必须自觉地坚持为人民服务、为社会主义服务的方向，在思想上政治上同党中央保持一致。

我国的新闻宣传纪律，是指在党性原则之下，无产阶级政党对新闻媒体和新闻从业人员所规定的政治纪律、组织纪律和报道纪律。它是社会主义新闻事业党性原则的一个重要组成部分，是加强党对新闻工作领导的重要保证，也是新闻媒体和广大新闻工作者进行各项新闻宣传活动时必须遵守、不得违反的基本准则和行为规范。在我国，时政类新闻媒体性质为国家事业单位，新闻记者为公职人员，将通常适用于党员的纪律适用于新闻工作者，是因为新闻宣传属于意识形态工作，意识形态工作是党的一项极其重要的工作，既是政治性很强的业务工作，又是业务性很强的政治工作。习近平高度重视意识形态工作，他指出，能否做好意识形态工作，事关党的前途命运，事关国家长治久安，事关民族凝聚力和向心力，一个政权的瓦解往往是从思想领域开始的，政治动荡、政权更迭可能在一夜之间发生，但思想演化是个长期过程，思想防线被攻破了，其他防线就很难守住。在舆论战的意义上，新闻宣传部门必须"守土有责、守土负责、守土尽责"[①]。

新闻宣传纪律分为三个层面，政治纪律即"讲政治"，就是政治

---

① 《习近平在全国宣传思想工作会议上的讲话》，求是理论网，2013 年 8 月 19 日。

敏锐、立场坚定、态度鲜明，在思想上与党中央保持一致。组织纪律即“勇担当”，接受党的宣传部门对于新闻工作的领导，不推诿，不塞责，在行动上对党忠诚。报道纪律即“顾大局”，对于所在单位和部门制定的自律性纪律，积极予以配合。强调党的新闻宣传纪律，并不是希望新闻工作者变成谨小慎微、唯命是从的驯服工具，邓小平曾经指出：只对上级负责，不对宣传效果负责，这是不讲党性①。新闻宣传纪律的目的正是强调党性，也就是要坚定正确政治方向，坚持正确舆论导向，坚守为人民服务的立场，在这个意义上，执行党的新闻宣传纪律与新闻自由虽有度的冲突，并无质的矛盾。

如果说新闻他律是指通过法律法规和行政管理手段对新闻工作者的职业行为进行强制性管理和约束，新闻自律则是新闻工作者在新闻伦理方面的自我约束，其目的是为了防止滥用新闻权利，对社会和民众尽责。马克思主义经典作家多次指出，在民主社会里，他律和自律是统一的，缺一不可。新闻他律为的是保障新闻工作者充分履行社会责任，充分享受但又不滥用自己的角色权利。新闻自律也是为了充分运用职业权利，排除不良因素干扰，履行好新闻工作者的职业使命。在这里，外界强制性的法律监控是不可缺少的，是第一位的，但新闻工作者的自我约束、自我调控也是十分重要的。只有强化新闻自律，严格遵循道德规范，新闻工作者才能更加自觉地模范地履行自己的历史使命和社会责任②。2009年中华全国新闻工作者协会修订了《中国新闻工作者职业道德准则》，从政治、法律、社会责任、真实性、客观性、清正廉洁等方面对新闻工作者提出了道德伦理要求。

---

① 盛沛林：《试论邓小平的新闻宣传思想》，《新闻知识》1993年第3期。

② 童兵：《马克思主义新闻经典教程》，复旦大学出版社2011年第2版，第366—367页。

在法律法规、新闻宣传纪律和职业道德准则的多重规范之下，我国的新闻传播媒介从大局出发、以正面宣传为主，为中国的改革开放伟业做出了巨大贡献。但是在当前的新媒体和多媒体条件下，新闻宣传工作也面临严峻挑战。根据我国2013年人权发展白皮书，“互联网的普及和完善，极大地扩展了言论自由空间。公众可以通过网络论坛、网络新闻、博客/个人空间、社交网站、网络文学、网络视频、微博、微信等多种互联网平台发表言论。每时每刻都有海量言论被网民发表出来。”“根据对新浪微博和腾讯微信等7家网站所发帖文的统计，在2013年网民关注的20大热点事件中，前12位的帖文都超过了200万条，其中排第一位的帖文数量超过4 500万条。网民言论关注的范围十分广泛，涵盖了司法案件、民生问题、个人权益保护、医患纠纷、反腐败等各方面。”对比之下，新闻传播政策方面存在“体制内统得过死、网络上放得太宽”的现象，因此也导致官方舆论场与民间舆论场“两个舆论场”并存的局面，使传统媒介的舆论引导工作比较被动。从新闻自由与宣传纪律的辩证关系来看，目前存在保障性法律条款少、而禁止性法律条款多的现象，抑制新闻工作者的积极性。十八大以来，中共中央提出“全面推进依法治国”的方针，提出要健全宪法实施和监督制度。因此新媒体时代的新闻自由与宣传纪律也该纳入法治轨道，加强法律色彩，减少行政色彩，从整体上进一步做好协调和调整的工作。

# 下编

## 马克思主义新闻观的学习和践行

不但应当了解马克思、恩格斯、列宁、斯大林他们研究广泛的真实生活和革命经验所得出的关于一般规律的结论，而且应当学习他们观察问题和解决问题的立场和方法。

——毛泽东

新闻观是新闻舆论工作的灵魂。要深入开展马克思主义新闻观教育，引导广大新闻舆论工作者做党的政策主张的传播者、时代风云的记录者、社会进步的推动者、公平正义的守望者。

——习近平

# 第九章　学习和坚持马克思主义新闻观的意义

在信息传播技术日新月异、思想观念多元多变的今天，我们为什么还要强调学习和坚持马克思主义新闻观？一个国家，必须有全体成员普遍认同、共同信奉的核心价值观。我们党凝聚全党全社会价值共识，凝练出社会主义核心价值观，要求全社会积极培育和践行。作为党和人民的新闻工作者，不但要恪尽宣传社会主义核心价值观的责任，发挥新闻媒体育人化人的功能，使社会主义核心价值观“内化为人们的精神追求，外化为人们的自觉行动”，更要成为社会主义核心价值观的积极践行者。当今中国正在进行全面而深刻的社会转型，需要全社会形成共识，齐心协力攻坚克难，但是官方舆论场、民间舆论场、海外舆论场并存博弈的多元舆论表达格局，对主流媒体引导公众舆论、形成社会共识带来了前所未有的挑战。同时，由于自身原因和社会不良风气的影响，我国新闻界目前道德失范问题比较突出，严重地侵蚀着媒体公信力。因此，我们今天强调对马克思主义新闻观的学习和坚持，是培育和践行社会主义核心价值观、加强舆论引导、形成社会共识、提升新闻职业道德、弘扬新闻职业精神的现实需要。

## 一、培育和践行社会主义核心价值观的需要

在日常生活和社会实践中，每个人都会自觉不自觉地形成评

判事物、为人处世的根本态度和观念——价值观，作为自己褒贬取舍、安身立命的准则。个体价值观回答的是“信仰什么”“追求什么”“珍视什么”这样的终极问题，关乎一个人的生命品质，所以我们常常把价值观与世界观、人生观相提并论。价值观既非一个人脑中固有，也不可能一蹴而就，而是文化传统、时代风气、政治制度、个人习俗等诸多因素潜移默化、浸染塑造的结果。因此，价值观必然有着民族性、时代性和阶级性等特点。

人无信仰不立，国无信仰不强。每个人可以有不同的理想和追求，但是作为政治共同体的国家，必须有全体成员普遍认同、共同信奉的价值理想、价值原则和价值规范，即核心价值观，来整合纷繁复杂的思想意识，引领社会思潮，凝聚社会共识。针对改革开放以来社会价值观多元甚至混乱的局面，我们党在 2006 年 10 月召开的十六届六中全会上明确提出“建设社会主义核心价值体系”的重大命题和战略任务，同时明确规范了社会主义核心价值体系的内容。2012 年 11 月，中共十八大报告又将社会主义核心价值体系的内容凝练为社会主义核心价值观，即“三个倡导”——“倡导富强、民主、文明、和谐，倡导自由、平等、公正、法治，倡导爱国、敬业、诚信、友善”，要求全社会积极培育和践行。这 24 个字的社会主义核心价值观的基本内容，包括了国家层面的价值目标、社会层面的价值取向和公民个人层面的价值准则。这三个层次的理念相互联系、相互贯通，实现了政治理想、社会导向、行为准则的统一，实现了国家、集体、个人在价值目标上的统一，兼顾了国家、社会、个人三者的价值愿望和追求①。

---

① 中共中央宣传部理论局：《马克思主义哲学十讲》，学习出版社、党建读物出版社 2013 年版，第 151 页。

中共中央办公厅2013年12月印发的《关于培育和践行社会主义核心价值观的意见》指出，社会主义核心价值观的基本内容，与中国特色社会主义发展要求相契合，与中华优秀传统文化和人类文明优秀成果相承接，是我们党凝聚全党全社会价值共识作出的重要论断。培育和践行社会主义核心价值观，是推进中国特色社会主义伟大事业、实现中华民族伟大复兴中国梦的战略任务。面对世界范围内思想文化交流、交融、交锋形势下价值观较量的新态势，面对改革开放和发展社会主义市场经济条件下思想意识多元、多样、多变的新特点，积极培育和践行社会主义核心价值观，对于巩固马克思主义在意识形态领域的指导地位、巩固全党全国人民团结奋斗的共同思想基础，对于促进人的全面发展、引领社会全面进步，对于积聚全面建成小康社会、实现中华民族伟大复兴中国梦的强大正能量，具有重要现实意义和深远历史意义。2014年2月24日，习近平总书记在中共中央政治局举行的第十三次集体学习会上也指出，核心价值观是文化软实力的灵魂、文化软实力建设的重点，是决定文化性质和方向的最深层次要素。培育和弘扬核心价值观，有效整合社会意识，是社会系统得以正常运转、社会秩序得以有效维护的重要途径，也是国家治理体系和治理能力的重要方面。构建具有强大感召力的核心价值观，关系社会和谐稳定，关系国家长治久安。因此，要把培育和弘扬社会主义核心价值观作为“凝魂聚气、强基固本”的基础工程，不断夯实中国特色社会主义的思想道德基础①。从新闻传媒的角度看，宣传、培育、践行社会主义核心价值观肩负着光荣的使命和崇高的责任。

① 《把培育和弘扬社会主义核心价值观作为凝神聚气强基固本的基础工程》，《人民日报》2014年2月26日。

第一，新闻媒体有宣传社会主义核心价值观的责任。

核心价值观贵在践行，而践行的前提、基础是全体社会成员对核心价值观内容的认知和认同，“内心认同才能自觉践行，春风化雨才能润物无声”①。社会主义核心价值观是当今我国社会价值共识的最大公约数，不可能即刻为每个社会成员所知悉、认同，这就需要持续不断地进行舆论宣传，使其家喻户晓、深入人心。作为党、政府和人民的“喉舌”，我们的新闻媒体对于大力宣传社会主义核心价值观的基本内涵，阐释社会主义核心价值观与民族文化道德、人类文明成果和中国时代发展的内在关联，讲清践行社会主义核心价值观的重要意义，责无旁贷，任重道远。大力宣传社会主义核心价值观，也是我们党交给新闻媒体的重要任务：“新闻媒体要发挥传播社会主流价值的主渠道作用。坚持团结稳定鼓劲、正面宣传为主，牢牢把握正确舆论导向，把社会主义核心价值观贯穿到日常形势宣传、成就宣传、主题宣传、典型宣传、热点引导和舆论监督中，弘扬主旋律，传播正能量，不断巩固壮大积极健康向上的主流思想舆论。”同时还要适应互联网快速发展形势，善于运用网络传播规律，“建立社会主义核心价值观的网上传播阵地”，把社会主义核心价值观体现到网络宣传、网络文化、网络服务中，用正面声音和先进文化占领网络阵地②。

第二，新闻媒体应充分发挥培育社会主义核心价值观的功能。

社会主义核心价值观被社会成员广为认知和认同，是其发挥作用的基础和前提；社会主义核心价值观只有内化为每个社会成员思想意识、观念世界的组成部分，才能真正成为他们主动追求的

---

① 刘云山：《着力培育和践行社会主义核心价值观》，《求是》2014年第2期。

② 中共中央办公厅：《关于培育和践行社会主义核心价值观的意见》，2013年12月。

价值标杆和自觉自励的行为准则。价值观是社会成员在实践活动中形成的评判事物、为人处世的根本态度和观念，有正确与错误之分。个体正确价值观的形成，有赖于社会的引导与培育。新闻传播实践和科学研究已经证明，新闻媒体因其强大的公信力、传播力和影响力，具有育人化人的社会功能：新闻媒体褒扬什么，贬抑什么，会影响受众的态度和看法，潜移默化受众的价值观念。因此，我们的新闻媒体要充分发挥这种育人化人功能，把增强全社会的价值判断力和道德责任感作为宣传教育的重要着力点，引导人们辨别什么是真善美、什么是假恶丑，自觉做到“常修善德、常怀善念、常做善举”[①]，培育全社会成员养成社会主义核心价值观，倡导全社会成员践行社会主义核心价值观，通过教育引导、舆论宣传、文化熏陶、实践养成、制度保障等，使社会主义核心价值观“内化为人们的精神追求，外化为人们的自觉行动”[②]。那么，新闻媒体在培育社会主义核心价值观方面应如何作为？中宣部部长刘奇葆指出，要总体考虑，从国家、社会、公民三个层面开展宣传教育——

在国家层面，紧紧围绕“富强、民主、文明、和谐”的价值目标，广泛开展理想信念教育，不断深化中国特色社会主义和中国梦宣传教育，宣传阐释发展社会主义市场经济、民主政治、先进文化、和谐社会、生态文明的深刻内涵和重大意义，引导人们坚定道路自信、理论自信、制度自信，把个人理想融入国家富强、民族振兴、人民幸福的伟大事业之中。

在社会层面，紧紧围绕“自由、平等、公正、法治”的价值取向，宣传阐释马克思主义自由观、平等观，深入开展法制教育、形势政

---

① 刘云山：《着力培育和践行社会主义核心价值观》，《求是》2014 年第 2 期。

② 《把培育和弘扬社会主义核心价值观作为凝神聚气强基固本的基础工程》，《人民日报》2014 年 2 月 26 日。

策教育、民族团结进步教育，加强和改进思想政治工作，推进社会治理创新，促进社会公平正义，培育良好社会心态，建设充满活力又和谐有序的现代社会。

在公民层面，紧紧围绕“爱国、敬业、诚信、友善”的价值准则，深入开展爱国主义教育，大力弘扬中华民族传统美德，推进公民道德建设工程，加强社会公德、职业道德、家庭美德和个人品德教育，宣传学习先进典型，推进精神文明创建活动，引导人们讲道德、尊道德、守道德，形成根基雄厚的崇德向善的人民力量①。

第三，新闻人应成为践行社会主义核心价值观的“排头兵”。

社会主义核心价值观是凝聚和引领全体人民团结奋进的精神旗帜，作为党和人民的新闻工作者，不但要恪尽宣传社会主义核心价值观之责任，发挥新闻媒体培育社会主义核心价值观之功能，更要成为践行社会主义核心价值观的身体力行者。2014 年 8 月 30 日，中国记协发出《新闻工作者践行社会主义核心价值观倡议书》，倡议全国新闻工作者不但要学习好、宣传好社会主义核心价值观，更要践行好社会主义核心价值观，做社会主义核心价值观建设的排头兵：“践行是我们的主旨。坚持担道义、守良心、当示范、作榜样，号召别人做到的自己首先做到，要求别人不做的自己首先不做，真正以自己的行动影响和带动社会。始终坚持新闻党性原则，大力弘扬职业精神、恪守职业道德，牢牢把握正确舆论导向；始终坚持新闻真实性原则，自觉抵制虚假报道；始终坚持政治家办报、办刊、办台、办网，讲导向、讲品位、讲格调，做到敢于担当、勇于负责；始终秉承人民至上的理念，大力弘扬‘走转改’精神；始终保持

① 刘奇葆：《在全社会大力培育和践行社会主义核心价值观》，《人民日报》2014 年 3 月 5 日。

清正廉洁的作风，自觉遵守法律法规，维护新闻工作者的良好形象。”

## 二、加强舆论引导、形成社会共识的需要

当今中国正在进行全面而深刻的社会转型，即整个社会由传统型向现代型过渡转变，核心为政治经济体制的变革和社会力量结构的变化①。贫富分化，权贵贪腐，社会不公，环境恶化，已成为中国现代化之旅的阵痛。对于社会变革的目标、步骤、举措，与社会变革伴生的矛盾化解，需要全社会形成共识，齐心协力攻坚克难。但是，当下中国多元化的舆论表达格局，对党政媒体引导公众舆论、形成社会共识带来了前所未有的挑战。

1. “复杂中国”的“复杂声音”

所谓舆论，是指民众基于固有的信念与价值观对特定社会现象与问题进行持续关注所形成的共识性意见。舆论的形成需要特殊的时空环境即“舆论场”——在这一场域中，大家对共同关心的话题各陈己见，各种意见交流、交锋、融合，最后形成多数人的共识性意见，并通过一定的载体表达出来。因此，作为意见表达、交汇、整合平台的媒体，是舆论场域中最为核心的要素。新中国成立后，我国党政媒体或者说官方媒体一统天下，媒体属性的单一导致一元化的舆论表达格局。改革开放以来，随着媒体种类的多样性发展，特别是网络新媒体的异军突起，我国的舆论表达格局发生巨变，由长期的一元化舆论场域变为多元化舆论场域。当今中国，至少有官方舆论场、民间舆论场、海外舆论场三个舆论场域同时并存。

① 孙立平：《社会转型——发展社会学的新议题》，《社会科学研究》2005年第1期。

（1）官方舆论场。

官方舆论场主要是由执政党和政府管办的官方媒体为表达主体，主要包括党报（刊）、广播电视台、通讯社、官方网站等。官方媒体是执政党和政府的“喉舌”，在新闻事业中占据主导地位并表达主流话语，是我国传媒系统中的“主流媒体”，具有一般媒体难以比拟的权威地位和特殊影响，因此官方舆论场又被称作“主流舆论场”。20世纪90年代以来，从我国传统的官办媒体中脱胎出以都市报为代表的市场化媒体。这类市场化媒体仍由执政党和政府管控，但是它们的新闻专业意识、市场经济意识更为自觉，这种自觉会引发表达上的“脱嵌”冲动。在激烈的市场竞争压力下，市场化媒体会冒着“踩红线”风险，抢夺独家新闻，追逐舆论的第一落点。“市场化媒体生产出来的舆论作为一种‘增量’话语资源，在主流舆论之外形成了新的舆论表达空间。这种由市场化媒体主导的市场化媒体舆论场大大稀释了主流媒体舆论场的影响力。”①

（2）民间舆论场。

民间舆论场主要是以博客/个人空间、微博、微信等网络自媒体（社会化媒体）为表达平台而形成的舆论场域。互联网在中国的发展速度有目共睹，我国微博、微信用户数以亿计，体量巨大。随着政府继续加快互联网基础设施建设和4G业务的正式商用，网络信息传播的优势将更加凸显。微博、微信等自媒体依托移动互联技术，实现了随人、随时、随地的信息发布与意见表达，打破只有少数人才能支配和利用媒体资源的格局，“使原本稀缺的、可用来广泛迅速地传播信息和意见的媒体资源变得不再稀缺”②。从舆论形

① 张涛甫：《当下中国舆论引导格局的转型》，《当代传播》2014年第2期。
② 丁柏铨：《自媒体时代的舆论格局与舆情研判》，《天津社会科学》2013年第6期。

成的场域来看，舆论场的内在结构包括三个基本要素：同一空间人们的相邻密度和交往频率、舆论场的开放度及空间的感染力。某一空间人们的相邻密度和交往频率越高，空间开放度越大，空间感染力越强，则越容易形成舆论场，在“场”的作用下更容易形成舆论[①]。这是因为，人群密度大、联系紧密则有利于彼此交流看法并形成共同意见；活跃的意见表达与交流就会渲染气氛，产生极强的感染力，促使其他人产生心理趋同，从而加速推动意见共识的形成。同时，舆论场的开放度决定了舆论场和社会环境的相互连接、相互影响的大小，从而影响舆论生成和扩散的速度[②]。网络空间的开放度和感染力、网民的相邻密度和交往频率，是传统媒体环境根本无法比拟的。处于社会转型期的中国，热点、焦点、难点问题本来就多，这些问题经网民爆料、围观和网络意见领袖发酵、引导，极易形成强大的网络舆论。可以说，正是网络自媒体的兴起，大面积激活了社会力量，畅通了信息传播和意见表达的民间渠道，打破了我国长期以来政治权力与传播权力高度一致的一元化舆论表达格局。

（3）海外舆论场。

海外舆论场以西方著名媒体为表达主体，议题主要为对中国事务的报道与评说。随着中国国际影响力的不断提升，西方媒体对中国的关注度也“水涨船高”。基于所在国的国家利益和自身价值观，西方媒体对中国事务的报道与评说，自然有别于我国官媒和社会化媒体。由于不同的时空维度，海外媒体舆论原来对中国社会的影响并不大，但是随着我国对外开放的深入和全球化进程的

① 刘建明：《社会舆论原理》，华夏出版社2002年版，第36—37页。
② 冯宏良：《舆论场变迁中的舆论引导问题探论》，《理论导刊》2014年第4期。

加快,特别是国际互联网技术的发展,我国国民对海外媒体涉华舆论的知晓度大大提高,受其影响的可能性也随之增强。

当今中国并存的官方舆论场、民间舆论场和海外舆论场这三个舆论场域,并非壁垒分明,互不交涉。它们既有共同话题,又各说各话;对于同一议题,既有意见相左,也有观点"合流"。三个舆论场相互争夺受众市场和影响力市场,舆论的博弈、交叉、汇流,形成"复杂中国"的"复杂声音"。

2. 当今中国媒体舆论的特点

(1) 传统主流媒体舆论影响力衰退。

公众接触报刊、广播电视等传统主流媒体的人数、时间越来越少,或者说传统主流媒体的阅读率、视听率越来越低,在我国乃至全球已是不争的事实,并且这种下滑趋势有增无减,目前还看不到"回暖"的迹象,也找不到"起死回生"的"良药"。个中原因,主要是网络媒体的兴起严重分流了传统主流媒体的受众——网络媒体信息的即时性、海量与获取的便捷、互动性,使越来越多的人抛弃传统媒体而钟情于网络媒体。传统主流媒体受众流失在我国可能更为严重,因为我国的传统主流媒体的官办性质、宣传本位和长期形成的报道逻辑,使它们在公众渴望知道的信息发布方面迟滞甚至缺席,该发声时"失声"或者"自说自话"。这些问题,导致我国传统主流媒体的公信力不足。传播力下降、公信力不足,其舆论影响力当然衰退。虽然我国不少传统主流媒体已开始积极"拥抱"新媒体,通过开办官方微博、微信等吸引受众,试图抢回话语权,但是和公众的期望还有相当差距。

(2) 网络舆论"倒逼"主流媒体舆论。

西方传播学者研究发现,大众传媒具有"议程设置"的功能:媒体可能无法影响人们怎么想,但是可以影响人们去想什么——受众会因媒体提供的议题改变对事物重要性的认识，对媒体认为重要的事件、问题给予相应的关注度。不过，“议程设置”理论成立并起作用有一前提，那就是“大众媒介掌握绝对的信息来源和发布渠道，同时其他传播活动指向的接受人群处于相关信息的屏蔽状态”[1]。网络媒体的兴起不但消解了这一前提，而且促成了舆论主体地位的调整，打破了“议程设置”单向度生成状态。所谓舆论主体地位的调整，具体而言是实现了两个转变：一是公众由被动的信息接受者转变为一些重要信息的发布者，二是公众由发表意见、参与舆论过程中的跟进者转变为某些重要议题议程的设置者和发起者。在网络传播时代，与公众在舆论生成中由被动转为主动相对应，主流媒体往往处于被动地位，受到网络舆论的“倒逼”：网民自发爆料、围观、讨论，形成强大的网络舆论，迫使主流媒体不得不对网民设置的议题跟进发声。在议题议程设置方面，我国过去的惯有程序是：政府设置有关议题议程，媒体随之设置相应议题议程，公众跟进。但是网络兴起后，公众成为拥有话语权的舆论主体，具有了通过网络设置议题议程的实际可能性和主动权。现在的情况常常是：公众首设议题议程，媒体随后跟进，政府随之作出相应反应[2]。

（3）国际舆论格局“西强我弱”。

国际舆论格局是指在一定时期内国际舞台上的各种舆论力量相互联系、相互作用所形成的一种结构状态。一个国家在国际舆论格局中的影响力取决于其经济实力、综合国力，但是直接取决于该国媒体的国际传播力、影响力。目前传播于世界各地的新闻，

---

① 范英：《试析新媒体环境下的舆论新形态》，《新闻界》2012 年第 11 期。
② 丁柏铨：《论自媒体时代公众舆论表达的特点》，《新闻爱好者》2014 年第 7 期。

90%以上由美国等西方发达国家垄断，西方50家媒体跨国公司占据了世界95%的传媒市场[①]。同时，境外舆论有其独特的话语偏好和表达逻辑。"中国话题时常成为境外舆论的热点议题，并经常被贴上'威胁论'或'崩溃论'的标签。境外舆论场对中国话题的单向度、负面解读，造成中国形象的污名化。以西方发达国家为代表的国际舆论界，以强大的传播力作为后盾，掌控了国际舆论议程，操纵了国际传播的话语权。相比之下，中国在强大的西方国家主宰的国际舆论场陷于孤立境地。在中西方传播力量严重悬殊的情况下，要在短期内改变中国在国际舆论场上的被动局面，还不现实。"[②]胡锦涛2008年6月20日考察人民日报社时就指出，"特别值得注意的是，当前，世界范围内各种思想文化交流、交融、交锋更加频繁，'西强我弱'的国际舆论格局还没有根本改变，新闻舆论领域的斗争更趋激烈、更趋复杂。"这是我们党对当今国际舆论格局作出的基本判断。正是在这个意义上，胡锦涛总书记同时强调，做好新闻宣传工作，"关系党和国家工作全局，关系改革和经济社会发展大局，关系国家长治久安"，并提出了"提高舆论引导能力"的现实命题。

3. 引导社会舆论，形成社会共识

万马齐喑究可哀，众声喧哗亦正常。关键在于主流媒体舆论能够引导各种社会思潮，使其不偏离主流价值体系的发展轨道，并形成社会共识，为经济社会健康发展提供强有力的舆论支持。所谓舆论引导，"是指政党、组织、群体、个人针对特定社会舆情，依据一定的社会意识形态来设置议题并进行议题互动，引导公众达成

① 吴纯钢：《解构与重置：新闻传播理念转型结构研究》，《今传媒》2011年第10期。
② 张涛甫：《当下中国舆论引导格局的转型》，《当代传播》2014年第2期。

社会共识,帮助公众树立正确社会信念、社会情感和社会价值观的实践活动”①。对于当今中国来说,舆论引导就是要用社会主义核心价值体系去规范多元化社会思潮的影响,“形成以社会主义核心价值观为主导的舆论共识”,从而为中国特色社会主义的不断发展提供最充分的社会认同与支持力量②。

我们党一贯重视通过媒体来引导社会舆论。在一元化舆论格局时期,党的各级宣传部门通过掌控官办的主流媒体,确实有效地主导了社会舆论。但是,今天在我国多种舆论场交织并存,舆论格局发生了重大变化;特别是网络自媒体迅速崛起,网络舆论“倒逼”甚至抗衡主流媒体舆论,而传统的主流媒体影响力又日见衰微,此消彼长,使舆论引导勉为其难。

媒体能够引导社会舆论,前提是拥有强大的传播力,没有传播力或传播力弱小,引导舆论就无从谈起。不过,媒体拥有强大的传播力并不意味着同时具有了强大的舆论引导力。媒体舆论引导力的核心是其公信力,即公众对媒体的信任度。如果公众不信任媒体,所谓的引导舆论也是自欺欺人。媒体如何赢得公众的信任?核心当然是媒体所传播的内容的品质。中宣部部长刘奇葆就指出,内容永远是新闻媒体的根本,是决定其生存与发展的关键所在,因此在品质上一定要追求专业权威:“传统媒体在信息采集核实、分析解读等方面,有着新兴媒体无法比拟的优势。要通过融合发展,最大限度地把这个优势发挥出来,延伸和拓展到新兴媒体。要依托强大的采编力量、权威的信息渠道、规范的采编流程,进行专业化的新闻生产,着力打造优质的新闻产品,确保网上网下的报

① 刘春波:《舆论引导论》,武汉大学博士学位论文,2013 年,转引自夏德元《新媒体时代舆论引导与舆论表达的良性互动》,《当代传播》2014 年第 1 期。

② 冯宏良:《舆论场变迁中的舆论引导问题探论》,《理论导刊》2014 年第 4 期。

道真实准确、全面客观。要加强信息资源的挖掘和加工，深耕信息内容，提出思想性强、观点鲜明的深度报道和评论言论，进一步提升信息内容的品质。”①

观念引领行动，认识推动实践。在我们的新闻体制下，面对舆论格局的重大变化和媒体融合的发展趋势，新闻从业者更要坚持马克思主义新闻观，牢记政治意识、责任意识、大局意识，重塑社会的核心价值观和主流意识形态，通过真实客观、思想性强、观点鲜明的优质新闻产品内容赢得公众的信任，引导社会舆论；真诚倾听民间声音，真实反映民众诉求，弥合社会裂缝，寻求社会共识，为中国特色社会主义建设提供持久有力的新闻舆论支持。

### 三、提升新闻职业道德水平的需要

新闻传播业之所以成为一种职业并为社会所尊崇，是因为该行业根据职业特性约定俗成地形成、制定了一套道德原则，作为行业成员规范自己职业行为的准绳。虽然新闻体制不尽相同，但是各国均把谋求公共利益、真实、客观、公正等定为新闻职业的道德信条。例如“公共利益”原则，美国的《报人守则》(1911 年)开宗明义：新闻事业为神圣职业，新闻事业的良莠视其对社会服务的多寡决定；不为公众服务而仅为私利驱使者，均为背信弃义之徒。《中国新闻工作者职业道德准则》之第一条，也是要求我们的新闻从业者应“全心全意为人民服务”。可以说，献身公共利益是全球新闻传播业的至高道德准则，联合国新闻自由小组委员会 1954 年通过的《国际新闻道德信条》(草案)即规定：“职业行为的崇高标准，是

① 刘奇葆：《加快推进传统媒体和新兴媒体融合发展》，《人民日报》2014 年 4 月 23 日。

要求献身于公共利益。谋求个人便利及争取任何有违大众福利的私利，不论所持何种理由，均与这种职业行为不相符合。"[①]谋求公共利益为什么应该是新闻职业道德的最高原则？因为新闻报道权并非新闻从业者、媒体机构的私权，而是公法上的权利，是一项受宪法保护的特殊权利，"它的特殊性在于它直接与宪法规定的公民言论自由权、监督权和由宪法推导出来的知情权密切相关，是这三项宪法权利实现的基础"[②]。因此，新闻媒体为"社会公器"，其新闻报道权为人民所授予，为宪法所保障，必须服务于公共利益，不可公权私用，以权谋私。

一个国家的新闻职业道德原则，既是新闻传播业行业共性的内在要求，也与该国的文化传统、社会道德、政治制度、传媒体制密切相关。中国记协 2009 年 11 月修订的《中国新闻工作者职业道德准则》，将我国的新闻职业道德概括为全心全意为人民服务、坚持正确舆论导向、坚持新闻真实性原则、发扬优良作风、坚持改革创新、遵纪守法、促进国际新闻同行的交流与合作这七项准则，要求新闻从业者和媒体机构遵守奉行。但是，我国新闻界违反职业道德的问题时有发生，有偿新闻、虚假报道、低俗之风、不良广告已成为"四大公害"。在网络传播格局下又出现了新的"四大公害"，即渲染过度、立场错误导致的暴力新闻，报网串通、以讹传讹造成的恶化新闻，不采访不核实、网来网去的剽窃新闻和损害被采访者权益的侵权新闻[③]。

近几年，我国新闻界的"有偿新闻"行为更发展为"新闻敲诈"，

---

① 陈桂兰主编：《新闻职业道德教程》，复旦大学出版社 1997 年版，第 249、252 页。

② 周甲禄：《论采访权的法律属性及其实现》，《湖北社会科学》2004 年第 10 期。

③ 宋超：《努力构建新闻道德价值共识——新传播格局下新闻道德建设的新思考》，《新闻记者》2014 年第 3 期。

完全突破了职业道德的底线。所谓新闻敲诈，是指新闻从业者、新闻机构以媒体曝光威胁、要挟当事人，从而非法获取公私财物的行为。2014 年 9 月 3 日晚，上海市公安局向媒体通报侦破了一起特大新闻敲诈案件，涉案的 21 世纪网主编和相关管理、采编、经营人员及上海润言、深圳鑫麒麟两家公关公司负责人等多名犯罪嫌疑人被依法采取刑事强制措施，案件涉及上海、北京、广东等省区市的数十家企业。从事新闻敲诈当然不只是 21 世纪网一家，也不局限于财经媒体行业，而是已成为我国新闻界的“潜规则”。2014 年 4 月 22 日，国家新闻出版广电总局在“打击新闻敲诈和假新闻专项行动工作汇报会”上通报：因涉及新闻敲诈、有偿新闻和假新闻等问题，2013 年以来全国共有 216 家违规报刊被查处，49 个记者站和 14 455 个记者证被注销①。新闻敲诈问题泛滥成灾，由此可见一斑。新闻敲诈属于典型的将报新闻道权这一公权私用，利用职业之便谋取私利的行为。这种行为，以获取非法利益为交换条件，故意隐瞒、删除或扭曲事实，严重侵害了公共利益尤其是公众通过新闻媒体获知事实真相的权利。新闻敲诈行为违背了新闻职业道德的底线原则，动摇了新闻业安身立命的根基，所以《国际新闻道德信条》和《记者行为原则宣言》(国际新闻记者联合会 1954 年通过)都将其视为“严重的职业罪恶”，不可宽恕。

1. 新闻职业道德失范的社会危害

(1) 严重侵蚀媒体公信力。

新闻媒体与社会公众之间其实存在着一种契约关系。宪法规定，每一个公民都有新闻出版自由权利。不过受智力、财力及媒体市场容量等条件所限，专门从事新闻传播的人和经办媒体的机构

---

① 《2013 年以来全国 216 家报刊因违规被查处》，新华网 2014 年 4 月 22 日。

毕竟不多。可以说，职业新闻人和媒体组织是受公众委托在进行专门的新闻采访报道工作，其新闻采访报道权来自公众的让渡。权利让渡在两者之间便形成一种契约关系：公众期待并要求新闻媒体发布的消息真实全面，立场客观公正；新闻媒体必须对公众忠诚，获得公众的信赖。这种契约关系其实就是"媒体公信力"问题。所谓"媒体公信力"是指："公众对于大众媒介的社会期待被落实情况所引起的公众心理感知和评价，同时公众的这种感知和评价也是媒介获取公众信任的能力和素质的体现。"简单地说，媒体公信力就是"公众对媒介的社会期待与媒介实际表现之间契合程度在公众心理上的反映"[①]。

媒体公信力的核心是公众对媒体的信任度，而信任度的高低取决于媒体的品质，或者说媒体履行职业承诺、信守职业责任的表现。媒体公信力是社会成员对媒体可信度的集合性判断与评价，有三个基本维度影响着这种集合性评判：① 媒体作为社会分工体系下的专业主义特质，即媒体发挥社会功能与角色扮演所需的客观、公正、平衡、全面、深刻等品质。② 公众对于媒体的社会角色期待的中心指向。在不同的社会制度结构和社会发展阶段，社会及公众对于媒体所履行的社会功能和要求其扮演的角色并不同。"只有媒介所表现出来的履行其社会职能的特质与特定社会发展阶段上社会和公众对媒介基本角色的期待相吻合，媒介的公信力才有可能得到好评。"③ 公众对媒体社会角色扮演的感知与认同[②]。

与新闻失实、新闻侵权等失范行为相比，新闻敲诈对媒体公信

---

① 靳一：《大众媒体公信力测评研究》，人民出版社 2006 年版，第 100—101 页。
② 喻国明：《大众媒介公信力理论初探（下）》，《新闻与写作》2005 年第 2 期。

力的损害尤为严重且难以修复。因为新闻敲诈行为扭曲了媒体最重要的社会功能，或者说背离了公众对媒体最基本的角色期待。媒体具有传播信息、整合社会、传承文化、刊登广告、提供娱乐等诸多功能，但是传播信息为其首要功能，也是媒体义不容辞的社会责任，"新闻工作的首要目标是为公民提供自由和自治所需的信息"①。从公众角度来说，公众对媒体的最大期待也在于媒体能够及时传播真实可靠的信息，充当"社会雷达""社会守望者"的角色，进行舆论监督，维护社会正义。部分新闻从业者和媒体机构以负面报道威胁报道对象，以"有偿新闻"为报道对象"涂脂抹粉"，使信息传播变异为牟利，舆论监督变异为敲诈勒索，等于愚弄、欺骗了公众。由于心理的联想机制，公众会认为部分新闻从业者、媒体机构的新闻敲诈行为乃整个新闻行业的普遍现象。从目前曝光的情况来看，新闻敲诈在当下中国新闻界也的确不是个别现象。公众一旦认为被媒体所愚弄和欺骗，则会对不良媒体乃至整个新闻业进行"经济惩罚"和"信任惩罚"双重惩罚：在行为层面不接触媒体，在心理层面不信任媒体②。公众通过不接触媒体或不信任媒体的方式行使"退出权"，会导致媒体、公众、社会三方利益受损：传媒体系衰亡，公众实现知情权受限，整个社会因信息传播的滞碍而无法良性运转。

（2）引发社会成员价值观混乱。

21世纪网总裁刘某身陷囹圄后曾对自己的行为进行了这样的反思："媒体作为一种公权力，如果使用它的人心怀不轨，造成的危害将无法想象。长此以往，我们不仅不会成为社会进步的推动者，

---

① 比尔·科瓦齐、汤姆·罗森斯蒂尔著：《新闻的十大基本原则》，刘海龙、连晓东译，北京大学出版社2011版，第9页。

② 靳一：《大众媒体公信力测评研究》，人民出版社2006年版，第98页。

相反会成为价值的毁灭者。"[①]这绝非危言耸听。新闻敲诈行为不仅严重违背新闻职业道德，严重侵蚀媒体公信力，而且还可能引发社会成员价值观混乱，甚至成为毁灭正确价值观的"恶之花"。新闻媒体具有引领道德风尚、育人化人的社会功能，新闻媒体的价值取向、善恶标准、褒贬态度，会影响受众的态度和看法，潜移默化为受众的价值观念。在公众心目中，新闻业本是"铁肩担道义"的崇高事业，媒体人是"社会的良心"，代表着诚实、公正、向善的力量。然而，有偿新闻、新闻敲诈者置职业操守和国家法律于不顾，不择手段，唯利是图。这种行为向社会传递的是拜金主义价值观，如果上行下效，蔚为风气，极其不利于良好社会道德共识的形成。

2. 新闻职业道德失范的社会原因

当下中国新闻界道德失范问题为何比较严重？不少学者将其归因于新闻从业者背弃了新闻职业道德。其实，背弃职业道德只是表面原因，现象的背后有更复杂的社会因素——我国社会全面深刻转型中伴生的问题影响到新闻传播业，导致新闻职业道德失范问题的发生和蔓延。

（1）利己主义导致部分新闻从业者见利忘义。

社会转型，是指"一个国家由传统走向现代、由农业社会走向工业乃至信息社会的转变过程"。任何一个国家在现代化进程中，都不得不面临社会转型问题，中国概莫能外。十一届三中全会以来我国以改革开放为重心的现代化建设，引发社会全面而深刻转型，已是学界共识。不过学者汪玉凯认为，我国的社会转型即有西方国家转型过程中存在的诸如社会骚动不安不稳定因素增加、社会成员格外关注自身的经济利益、社会犯罪率明显上升、政府官员

---

① 《不法网站收"保护费"，逼企业"拜山头"》，《新华每日电讯》2014 年 9 月 11 日。

腐败现象严重等共性问题，还有比较独特之处，其中之一即中国的社会转型是“双转”交织——中国从传统走向现代化的过程中，既面临复杂的社会转型的任务，同时又面临体制转轨的使命，即由计划经济体制转向市场经济体制。经济体制转轨是所有当年经历了社会转型的西方国家都没有经历过的，特别是中国的市场经济，由于缺乏正常的自然历史积累过程，客观上增加了社会转型的复杂性①。

由计划经济体制转向市场经济体制，是我国经济社会发展的必然选择。不过在市场经济环境下，追求经济利益、讲究功利性实效性成为大多数社会成员的价值观和处世哲学。通过诚实劳动在市场竞争中获取经济利益本身无可厚非，也是社会成员发展完善自我、实现人生价值的物质基础。但是在我国的经济体制转轨过程中，法治不健全等诸多因素，造成权贵资本受益，市场投机者获利，贫富差距拉大。研究表明，我国的总体基尼系数2004年就已经达到0.44，2007年大约为0.48—0.49，均大大超过国际公认的0.4的警戒线水平②。就新闻传播业来说，相关调查显示：九成以上的新闻从业者月收入低于10 000元人民币，其中47.7%的从业者月收入在5 000元以下③。生活成本居高不下，教育、就业、社会保障、医疗、生态环境、食品药品安全等关系群众切身利益的问题较多，需要社会成员自行解决。在这种大的社会背景下，部分社会成员见利忘义、道德缺失也就不足为奇了。在21世纪网事件中，媒体一方利用手中所掌握的舆论监督权进行新闻敲诈，被敲诈的企业利用金钱“消灭”负面报道，财经公关公司充当新闻敲诈的“掮客”，都

① 汪玉凯：《我们如何面对社会转型》，《光明日报》2011年4月7日。

② 汝信等主编：《2011年中国社会形势分析与预测》，社会科学文献出版社2011年版，第38页。

③ 张志安主编：《中国新闻业年度观察报告(2014)》，人民日报出版社2014年版，第249页。

是为利而来为利而往，希望以财富为支撑，成为复杂多变的社会转型期个人命运的主宰者。

（2）价值观离散导致新闻业偏重“经济效益”。

新中国成立后相当长时期内，政治道德是我国主导的，甚至是唯一的社会道德价值理念。社会进入转型期后，价值观渐趋多元，追逐经济利益已经成为现实社会的主导价值理念。我国转型期社会价值观的离散必然在新闻业中体现出来，“它相应地表现为以政治为取向的新闻的价值理念、以市场为取向的新闻的价值理念与新闻专业主义理念之间的并存”。不过，由于政治道德统领新闻价值理念的传统和惯性力量，我国新闻业的职业规范体系又一直处于空乏状态，加上转型期政治道德的形式化，“我国的传媒和新闻从业者在面对市场经济社会时，受到市场取向的价值理念的影响较大”①。在体制层面，我国新闻媒体自 20 世纪 80 年代开始实行“事业单位、企业化管理”，市场运营，自负盈亏，也确实把新闻媒体推向了残酷竞争的市场。中共十四大对我国新闻业进行重新定性，确定其“上层建筑”与“第三产业”的双重属性，要求将社会效益放在首位，实现社会效益与经济效益相结合。媒体当然可以实现社会效益与经济效益共赢，不过需要时间的积淀。在激烈的媒体市场竞争中，急功近利者就罔顾社会效益，制定不切实际的发行、广告指标，强求实现。新闻敲诈犯罪嫌疑人、21 世纪网总裁刘某就供述说：报社管理层对 21 世纪网的业绩考核中，有一条就是要覆盖 70％—75％的当年新上市企业，与它们签订“广告合同”，每年都有数千万的指标②。新

① 周俊：《离散与失范：我国转型时期新闻的价值理念变迁与职业道德》，《国际新闻界》2010 年第 4 期。

② 《警方起底 21 世纪网新闻敲诈案：每年与上百家公司签约收“保护费”》，《东方早报》2014 年 9 月 11 日。

闻业的这种价值取向和做法，正是导致新闻敲诈从记者个人行为演变为单位集体行为，造成集体道德“沦陷”的主要原因。

(3) 社会道德失范波及新闻传播领域。

社会转型是一个社会利益结构、道德秩序重建的过程。法国社会学家埃米尔·涂尔干认为，在社会转型过程中，由于旧的道德标准被打破，新的道德标准又没有建立，人们很难区分公正与非公正、合情合理与非分之想。“由此，人们的欲望便失去了约束。社会生活的剧烈变化也自然而然地使欲望迅速增长。就在传统约束失去权威的同时，可望得到的报酬越厚，刺激就越大，欲望也变得越迫切，越不受控制。在这最需要限制激情的时刻，限制却偏偏更少了，脱缰野马般的激情更加剧了这种无规则的混乱状态。”[①]简单地说，社会道德失范是社会转型的伴生问题。涂尔干揭示的这种现象照样存在于当今中国社会。在我国社会全面而深刻的转型过程中，原来的一元道德标准即政治道德离散衰微，价值观念多元并存，社会核心价值观尚在培育之中。价值观多元、冲突且无统领，导致社会道德失范，一些社会成员不顾廉耻为所欲为。对此，高层人士也并不讳言：“当前社会道德领域还存在不少亟待解决的突出问题。一些领域存在道德失范、诚信缺失现象，一些社会成员理想信念淡薄、人生观价值观扭曲，是非、善恶、美丑界限混淆，拜金主义、享乐主义、极端个人主义有所滋长，以权谋私、造假欺诈、见利忘义、损人利己现象时有发生。这些问题和现象与社会主义核心价值体系背道而驰，与中华民族传统美德格格不入，冲击着社会的道德底线，拷问着人们的道德良知。”[②]

---

① 爱米尔·杜尔凯姆著：《自杀论》，钟旭辉等译，浙江人民出版社 1988 年版，第 212 页。

② 《十八大报告学习辅导百问》，党建读物出版社、学习出版社 2012 年版，第 108 页。

新闻传播业是社会的重要子系统，并且与社会生活的各个方面密切相关。其他社会领域出现道德问题，或者整个社会系统出现道德危机，不可能不影响到新闻传播领域。可以说，新闻敲诈等新闻道德失范问题，既是当今中国社会道德失范的表征之一，也是社会道德失范在新闻传播领域的必然反应。

3. 恪守新闻职业道德，弘扬新闻职业精神

当下中国新闻界频频发生违背职业道德的行为，确实与整个社会系统的“道德病变”有莫大关系。但是，社会道德失范不是新闻界可以同流合污、为所欲为的理由。相反，在举世滔滔逐利为己的风气中，新闻从业者更应该坚持马克思主义新闻观，遵纪守法，洁身自好，恪守职业道德的底线，成为社会良心和“道德守望者”，并积极发挥新闻媒体的涵化功能，在社会成员中培育社会主义核心价值观，提升整个社会的道德水准。在坚守职业道德底线的基础上，弘扬追问真相、维护正义的职业精神，曝光丑恶，监督公权，为国家富强民主、社会公平正义贡献道义的力量。

道德操守是职业底线，理想精神是职业标杆，两者相互依存相互支撑：没有操守，理想很难实现；没有理想，操守也很难恪守。新闻传播业也是如此，当媒体常常“不得不”屈服于“封口费”等经济利益时，新闻的真实性和公正性就受到严重侵害。理想和激情丧失殆尽后，职业道德底线被突破也就不值得大惊小怪[①]。对职业道德的恪守，对职业精神的追求，发之于良知，形之于行为。《新周刊》“中国骄子新锐榜”将 2008 年度新锐人物授予《东方早报》记者简光洲，授奖词就说：“真相因良知而显露，黑幕因勇气而洞开。他打破媒体‘某’规则，直接说出了‘三鹿’两个字，引发了中国奶制品

① 郑连根：《封口费与职业操守》，《同舟共进》2008 年第 12 期。

行业地震,间接挽救了无数婴儿的生命健康。在蝼蚁撼大树的背后,他和他所供职的《东方早报》的诚实和勇气,还原了传媒的公共价值和监督角色。他只是一个记者,但他代言了2008中国传媒的良心。"[①]2010年3月,《经济时报》记者王克勤对山西"问题疫苗"事件的调查报道,也是受良心、良知的感奋驱使。

尽操守,致良知。职业道德必须恪守,职业精神需要弘扬。社会转型时期的中国新闻人,自立立人,任重道远。

① 《2008中国骄子新锐榜年度新锐人物:简光洲》,新浪网,2008年12月17日。

# 第十章　努力实现马克思主义新闻观的中国化、时代化、大众化

中共十七大政治报告指出,《共产党宣言》发表以来的实践证明,“马克思主义只有与中国国情相结合、与时代发展同步、与人民群众共命运,才能焕发出强大的生命力、创造力、感召力。”中共十七届四中全会通过的《中共中央关于加强和改进新形势下党的建设若干重大问题的决定》,将不断推进“马克思主义中国化、时代化、大众化”,使党的理论和实践始终“体现时代性、把握规律性、富于创造性”概括为我们党作为马克思主义执政党加强自身建设的基本经验之一。中共十八大政治报告也强调,把马克思主义基本原理同中国实际和时代特征结合起来,“推进马克思主义中国化、时代化、大众化”,是我们加强社会主义核心价值体系建设,从而扎实推进社会主义文化强国建设的重要任务。可以说,不断推进马克思主义中国化、时代化、大众化,既是我们党团结带领全国各族人民取得新民主主义革命和社会主义革命、建设、改革伟大胜利的精神法宝,也是建设中国特色社会主义、实现中华民族伟大复兴中国梦所必需的理论武器。

作为马克思主义的有机组成部分,马克思主义新闻观——经典作家关于新闻传播活动和新闻传媒运作的观点体系,在中国也经历了与本国国情相结合、与时代发展同步、与人民群众共命运的过程。中国几代共产党人接力实现马克思主义新闻观的中国化、

时代化、大众化，不但丰富、发展了马克思主义新闻思想宝库，而且富有成效地指导了我国不同阶段的新闻工作实践。梳理马克思主义新闻观中国化时代化大众化的历史脉络与思想内涵，有助于我们继续进行新闻传播理论创新和文化体制机制改革。

## 一、马克思主义新闻观的中国化

1895年3月，恩格斯在给威·桑巴特的信中说："马克思的整个世界观不是教义，而是方法。它提供的不是现成的教条，而是进一步研究的出发点和供这种研究使用的方法。"①列宁在1899年也曾指出，马克思主义虽然是无产阶级政党的理论基础，但是俄国社会民主工党必须创造性地对待马克思主义："我们决不把马克思的理论当作某种一成不变的和神圣不可侵犯的东西；恰恰相反，我们深信：它只是给一种科学奠定了基础，社会党人如果不愿落后于实际生活，就应当在各方面把这门科学推向前进。我们认为，对于俄国社会党人来说，尤其需要独立地探讨马克思的理论，因为它所提供的只是总的指导原理，而这些原理的应用具体地说，在英国不同于法国，在法国不同于德国，在德国又不同于俄国。"②

与具体国家的实际结合，既是马克思主义的内在要求，也是包括中国在内的世界各国争取民族独立、人民解放和建设社会主义的必然需要。毛泽东在1938年10月就强调："马克思主义必须和我国的具体特点相结合并通过一定的民族形式才能实现。……离开中国特点来谈马克思主义，只是抽象的空洞的马克思主义。因此，使马克思主义在中国具体化，使之在其每一表现中带着必须有

---

① 《马克思恩格斯选集》第4卷，人民出版社1995年第2版，第742—743页。
② 《列宁全集》第4卷，人民出版社1984年第2版，第161页。

的中国的特性，即是说，按照中国的特点去应用它，成为全党亟待了解并亟须解决的问题。”[①]中国共产党成立以来90多年间，一直在推进马克思主义的中国化，即运用马克思主义的立场、观点和方法研究和解决中国革命、建设和改革不同历史时期的实际问题，“将马克思主义基本原理同中国具体实际相结合，形成具有中国特色、中国风格、中国气派的新理论”[②]。在马克思主义中国化进程中，我们党实现了两次历史性飞跃，形成了毛泽东思想和中国特色社会主义理论体系：20世纪40年代毛泽东思想的形成，第一次实现了马克思主义的中国化，是马克思主义中国化的第一个重大理论成果；1978年以来，我们党不断对改革开放的实践进行理论总结，形成了包括邓小平理论、“三个代表”重要思想以及科学发展观等重大战略思想在内的中国特色社会主义理论体系。这个理论体系，坚持和发展了马克思主义、列宁主义、毛泽东思想，是马克思主义中国化的最新成果。

毛泽东思想和中国特色社会主义理论体系，包含着丰富的新闻思想。这些新闻思想，遵循马克思、恩格斯、列宁等革命导师的基本新闻观念、原则，立足中国实际，研究中国问题，形成中国理论，指导中国实践，是马克思主义新闻观中国化的理论成果，当然也是马克思主义新闻观的重要组成部分。其中，延安整风前后形成的中共党报理论，改革开放以来形成的“喉舌论”“舆论观”，是马克思主义新闻观中国化最具理论价值的创新成果。

1. “四性一统”——自成体系的中共党报理论

中国共产党自建党之初就十分重视新闻宣传工作，同时以马

---

① 《毛泽东选集》第2卷，人民出版社1991年第2版，第534页。

② 刘云山：《把建设马克思主义学习型政党作为重大而紧迫的战略任务抓紧抓好》，《人民日报》2009年10月15日。

克思、恩格斯的新闻思想为指导原则，借鉴列宁的报刊思想和苏联的党报理论，尝试建立自己的党报理论体系。1942 年至 1948 年，在延安整风运动的推动下，党的领导人毛泽东、刘少奇及新闻宣传事业负责人陆定一、胡乔木等撰写、发表专门的文章、谈话，中共中央机关报延安《解放日报》也陆续发表数十篇社论和文章，阐述党报的性质与作用、党与党报的关系、新闻的本源及真实性、党的新闻工作作风等一系列重大理论问题，中国共产党党报理论至此成熟。

中共党报理论体系的形成，以党报四大品质——党性、群众性、战斗性、组织性的提出为标志。1942 年 3 月，中宣部发出正式通知，要求各地根据毛泽东整顿三风的精神检查和改造报纸，力求使党报成为“名副其实的党报”。为响应中宣部改造党报的号召，延安《解放日报》于 4 月 1 日发表《致读者》社论，宣布全面改版。在这篇社论中，首次明确地把“党性、群众性、战斗性、组织性”概括为党报的四大品质。

(1) 党性。综合相关文件、文章、谈话，党报的党性原则包括以下五层含义：第一，党报是党的宣传鼓动工作最有力的工具，党要倾力加强对党报的领导。第二，办好报纸是党的一个中心工作，党的各级领导机关及负责人必须亲自注意报纸的编辑工作，务必使党报编辑部与党的领导机关的政治生活联成一气。第三，党报宣传必须服从党的政策，“必须与整个党的方针党的政策党的动向密切相联，呼吸相通，成为实现党的一切政策、一切号召的尖兵、倡导者”。第四，党报不是同人报，工作人员不准闹独立，“在党报工作的同志，只是整个党的组织的一部分，一切要依照党的意志办事，一言一行，一字一句，都要顾及党的影响”。第五，党报是集体的宣传者和组织者，这里的“集体”是指整个党的组织而言的集体。报纸是党的喉舌,是这一个巨大集体的喉舌,因此要实行“全党办报”。

(2) 群众性。党报要密切与群众的联系,反映群众的情绪、生活需求和要求。党报不仅要充实群众的知识,扩大他们的眼界,启发他们的觉悟,教导他们,组织他们,而且要成为他们的反映者、喉舌,与他们共患难的朋友。

(3) 战斗性。党报必须是为着党的革命方针和路线而奋斗的战士,尤其应进行经常而持久的思想斗争,宣传共产主义,反对一切反动、复古、黑暗、愚昧思想。同时,党报应该是党内开展批评与自我批评的有力武器。

(4) 组织性。党报决不能是一个有闻必录的消极的记载者,而应该是各种运动的积极倡导者、组织者。①

党报的这四大品质中,党性处于统领地位,群众性、战斗性和组织性由党性而生发,统一于党性原则之下。

1943 年 9 月 1 日,陆定一在《解放日报》发表《我们对于新闻学的基本观点》一文,用马克思主义观点阐明新闻的本源是“物质的东西”,是“事实”,批判了新闻本源问题上的唯心主义“性质说”和法西斯新闻理论,指出只有为人民服务、与人民密切联系的报纸,“才能得到真实的新闻”,回答了新闻如何才能真实这一重要理论命题。这篇文章,奠定了我国无产阶级新闻学的理论基石。为贯彻中共七大精神,《解放日报》于 1945 年 5 月 16 日发表《提高一步》社论,提出要把党的“理论与实践结合、和人民大众紧密地联系以及自我批评这三者统一的作风”体现在党的新闻工作中,成

① 《中宣部为改造党报的通知》,载中国社会科学院新闻研究所编《中国共产党新闻工作文件汇编》(上),新华出版社 1980 年版,第 126—127 页;《致读者》,《解放日报》1942 年 4 月 1 日社论;《党与党报》,《解放日报》1942 年 9 月 22 日社论。

为新闻工作的作风。在解放战争即将胜利的1948年,毛泽东、刘少奇分别对党的新闻工作者发表了重要谈话。4月2日,毛泽东发表《对晋绥日报编辑人员的谈话》,提出"报纸的作用和力量,就在它能使党的纲领路线、方针政策、工作任务和工作方法,最迅速最广泛地同群众见面"。无产阶级报纸的战斗风格是生动、鲜明、尖锐,毫不吞吞吐吐。10月2日,刘少奇发表《对华北记者团的谈话》,强调党的新闻工作是党联系群众的"桥梁",新闻媒介不仅要宣传党的路线方针政策,还要运用新闻手段反映群众的意见、情绪、要求。新闻工作者要真实、全面、深刻地反映党的政策在群众中的执行情况,允许党的新闻工作者考察党的政策是否正确。这些文章、谈话所阐发的思想、观点,丰富和完善了中共党报理论体系。

虽然马克思、恩格斯、列宁等革命导师对无产阶级党报的性质、作用、政党与党报的关系等问题多有阐述,但是并非针对中国而发,也不一定适合中国的革命实践。将党报的品质提炼为"党性、群众性、战斗性、组织性"且统一于"党性"之下,并以此为核心,结合中国革命的具体实际,建构出一套自成体系的中共党报理论,可以说是以毛泽东为核心的第一代中国共产党人对马克思主义新闻思想的创造性贡献。以"四性一统"为核心的中共党报理论的形成,是马克思主义新闻观中国化的第一个重大理论成果,富有成效地指导、规定了我国新民主主义革命和社会主义革命、建设时期的新闻工作实践。一些基本原则如党性原则,至今依然是我国新闻宣传工作必须遵循的根本性原则。有学者就曾指出,1942年延安《解放日报》改版,"创立了中国新闻史和党报史上一种独特的报刊类型和操作模式——以组织喉舌为性质,以党的一元化领导为体制,以四性一统(党性、群众性、战斗性、组织性,统一在党性之下)

为理论框架的延安模式”①。

2. “三位一体”喉舌——对媒体性质的深刻认识

按照西方传播学者的观点，新闻媒体的本质属性乃新闻传播过程中传者与受众之间的中介物，是新闻信息的物质载体。“既是社会通讯交往和传播信息的工具，又是能给股东带来赢利的企业，这是英、美、法等西方社会对资本主义新闻传媒的代表性概括。”②马克思主义经典作家和无产阶级政党则认为，新闻媒体不仅是信息载体，更是政党进行宣传、鼓动的“喉舌”。马克思最早用“喉舌”一词来比喻报刊的性质和作用：“报刊按其使命来说，是社会的捍卫者，是针对当权者的孜孜不倦的揭露者，是无处不在的耳目，是热情维护自己自由的人民精神的千呼万唤的喉舌。”③列宁要求党的报刊要充当集体的“宣传员”“鼓动员”和“组织者”。

中国共产党继承了马克思、恩格斯、列宁关于报刊性质的看法，在新民主主义革命时期提出过一个著名论断：“报纸是阶级斗争的工具。”④由于中国共产党是一个人民的政党，代表最广大人民的利益，党性与人民性相统一，所以，党报既是党的“政治机关报”，也是人民的“喉舌”⑤。新中国成立后，党对我国新闻媒体的定性，基本上沿用了新民主主义革命时期的看法，即新闻媒体既是党的喉舌，也是人民的喉舌，是一种舆论宣传工具，而非能够带来经济回报的商品。1954 年 7 月中共中央政治局通过的《中共中央关于

---

① 黄旦：《从“不完全党报”到“完全党报”——延安〈解放日报〉改版再审视》，载李金铨主编：《文人论政：知识分子与报刊》，广西师范大学出版社 2008 年版，第 279 页。

② 童兵：《比较新闻传播学》，中国人民大学出版社 2002 年版，第 70 页。

③ 《马克思恩格斯全集》第 6 卷，人民出版社 1961 年第 1 版，第 275 页。

④ 《我们的任务》，《红旗日报》1930 年 8 月 15 日发刊词。

⑤ 中国共产党第一个中央机关报《向导》周报在《敬告本报读者》（载《向导》第 15 期，1922 年 12 月 27 日）中即公开宣布：“《向导》是中国共产党的政治机关报”，也是“中国民众的喉舌”。

改进报纸工作的决议》就指出，全国报纸最近几年内“在各种斗争和建设事业中已经成为党在全国范围内宣传和贯彻党的路线、方针和政策，指导实际工作，联系和教育广大人民群众的有力武器”①。中共中央机关报《人民日报》在1956年7月1日发表的改版社论《致读者》中也郑重声明：“《人民日报》是党的报纸，也是人民的报纸。”建国初期我国报纸曾经实行过企业化经营政策，但目的是为了克服报纸面临的严重财政困难，本质上并非把报纸当作商品来看待。1956年复旦大学教授王中提出报纸具有宣传工具和商品两重属性，但这种观点不久即受到了批判。

“反右”斗争前后，毛泽东根据社会存在与社会意识的关系，对报纸性质进行了深刻剖析，多次强调报纸是阶级斗争工具、新闻具有阶级性的观点。例如他在写给《人民日报》的一篇文章中指出，报纸是一种上层建筑，属于意识形态范畴，是一定社会的经济基础通过新闻手段的反映：“在社会主义国家，报纸是社会主义经济即在公有制基础上的计划经济通过新闻手段的反映，和资本主义国家报纸是无政府状态的集团竞争的经济通过新闻手段的反映不相同。在世界上存在着阶级区分的时期，报纸总是阶级斗争的工具。”②毛泽东对新闻媒体性质的认识，可以说基本上代表了当时党内的观点，对1957年后我国新闻事业的深远影响是不言而喻的。

十一届三中全会以后，我们党和国家的政治重心从“以阶级斗争为纲”转移到“以经济建设为中心”上来，因此基本上不再强调新闻媒体的“阶级斗争工具”属性，关于新闻媒体“喉舌论”的表述也

---

① 《中共中央关于改进报纸工作的决议》，载中国社会科学院新闻研究所编：《中国共产党新闻工作文件汇编》(中)，新华出版社1980年版，第319页。

② 《文汇报在一个时间内的资产阶级方向》，《人民日报》1957年6月14日编辑部文章。

发生了微妙变化，即在党和人民的喉舌之外，又加上了“政府的喉舌”。1985年2月8日，胡耀邦在中央书记处会议上指出：“我们党的新闻事业，究竟是一种什么性质的事业呢？就它的最重要的意义来说，用一句话来概括，我想可以说党的新闻事业是党的喉舌，自然也是党所领导的人民政府的喉舌，同时也是人民自己的喉舌。”①1989年11月28日，江泽民在新闻工作研讨班上也说：“我们党历来非常重视新闻工作。始终认为，我们国家的报纸、广播、电视等是党、政府和人民的喉舌。这既说明了新闻工作的性质，又说明了它在国家工作中的极其重要的地位和作用。”②

将新闻媒体的性质明确为政党、政府和人民“三位一体”的“喉舌”，这是马克思主义新闻观中国化的又一理论成果，也是中国共产党对马克思主义新闻思想的重要发展。马克思、恩格斯创立了无产阶级政党学说，但没有领导国家建设的实际经验；列宁领导俄共缔造了第一个社会主义国家苏联，但继任者及苏共没有处理好政党、政府、人民这三者之间的关系，导致革命事业受挫，国家分崩离析。我们党在新时期创造性地把新闻媒体定性为党、党所领导的政府和人民的喉舌，是中共从革命党到执政党身份转换在新闻宣传领域的体现，昭示了“立党为公，执政为民”的现代政治理念。我们党对新闻媒体的这一定性，既化解了20世纪80年代初社会上关于党性、人民性的争论，也进一步明确了党和政府的关系，为新时期新闻宣传事业的发展奠定了政治基调。

3. 坚持正确舆论导向——中国特色的“舆论观”

在马克思主义中国化的最新成果——中国特色社会主义理论

① 胡耀邦：《关于党的新闻工作》，载《中国新闻年鉴》，1985年。
② 江泽民：《关于党的新闻工作的几个问题》，载《中国新闻年鉴》，1990年。

体系中,涉及新闻宣传最重要的理论命题是"坚持正确的舆论导向"。早在1980年1月邓小平就曾经强调,我们的新闻媒体要成为"全国安定团结的思想上的中心"①。江泽民继承了邓小平的这一思想,于1994年1月在全国宣传思想工作会议上第一次正式提出"坚持正确的舆论导向"这一理论命题。江泽民指出,舆论导向正确,人心凝聚,精神振奋;舆论导向失误,后果严重。因此,新时期党的宣传思想工作要坚持正确的舆论导向,发挥思想保证和舆论支持的作用:"坚持正确的舆论导向,就是要造成有利于进一步改革开放,建立社会主义市场经济体制,发展社会生产力的舆论;有利于加强社会主义精神文明建设和民主法制建设的舆论;有利于鼓舞和激励人们为国家富强、人民幸福和社会进步而艰苦创业、开拓创新的舆论;有利于人们分清是非,坚持真善美,抵制假恶丑的舆论;有利于国家统一、民族团结、人民心情舒畅、社会政治稳定的舆论。"②1996年9月26日,江泽民视察人民日报社发表重要讲话,又以"祸福论"来阐释新闻宣传工作坚持正确舆论导向的重要性:"舆论导向正确,是党和人民之福;舆论导向错误,是党和人民之祸。党的新闻事业与党休戚与共,是党的生命的一部分。可以说,舆论工作就是思想政治工作,是党和国家的前途命运所系的工作。"③

中共十六大以来,我们党根据国内国际舆论的新态势,在继续强调坚持正确舆论导向的同时,又提出了尊重新闻宣传规律、提高舆论引导能力、积极有效引导舆论的新要求。例如2003年胡锦涛对"非典"事件的总结,从四个"有利于"的角度阐述了及时、准确报

① 《邓小平文选》第2卷,人民出版社1994年第2版,第255页。
② 江泽民:《在全国宣传思想工作会议上的讲话》,载《中国新闻年鉴》,1995年。
③ 《江泽民文选》第1卷,人民出版社2006年版,第563—564页。

道突发事件的重要性："增强宣传舆论工作的时效性和针对性，提高吸引力和感召力，做好国内突发事件的新闻报道，关系到社会稳定和人心安定，关系到党和政府的形象，关系到我们处理突发事件工作的开展。要按照有利于党和政府开展工作、有利于组织社会力量共同行动、有利于人民群众自我保护、有利于保持社会稳定的要求，及时准确传播信息，积极有效引导舆论。"①2008 年 6 月 20 日他考察人民日报社时又指出："新形势下，新闻宣传工作要高举旗帜、围绕大局、服务人民、改革创新，坚持正确舆论导向，提高舆论引导能力，营造良好舆论环境，更好地发挥宣传党的主张、弘扬社会正气、通达社情民意、引导社会热点、疏导公众情绪、搞好舆论监督的重要作用。要把提高舆论引导能力放在突出位置，进行深入研究，拿出切实措施，取得新的成效。"②

以"坚持正确的舆论导向"为核心的"舆论观"，是我们党在新时期根据马克思主义新闻思想的基本原理，结合当代中国改革、发展、稳定的具体实际，提出的一个创新理论。这一理论，无疑是马克思主义新闻观中国化最新、最重要的成果。

## 二、马克思主义新闻观的时代化

马克思主义是一种开放的、与时俱进的思想体系。把马克思主义基本原理同时代特征、时代主题、时代精神相结合，吸纳新内容，创立新理论，从而反映时代精神、回答时代课题、引领时代潮流，使马克思主义与时代发展同步，是马克思主义的内在要求，也是其科学性、进步性的重要体现。就新闻传播领域而言，进入新世

① 转引自陈力丹：《马克思主义新闻观思想体系》，中国人民大学出版社 2006 年版，第 745 页。

② 胡锦涛：《在人民日报社考察工作时的讲话》，《人民日报》2008 年 6 月 21 日。

纪以来呈现出这样的复杂态势：世界范围内各种思想文化交流更加频繁和活跃；社会思想多元、多样、多变趋势更加明显，互联网、手机等新兴媒体的迅猛发展使社会思想形成和传播的渠道更加复杂，引领社会思潮、凝聚社会共识的难度越来越大；媒体对国际政治、经济、社会、文化、生活等各领域的辐射日益加强，对人们思想、工作、生活等各方面的影响日益深入；“西强我弱”的国际舆论格局依然没有根本改变，新闻舆论领域的斗争更趋激烈和复杂[①]；互联网技术日新月异，网络媒体已成为最重要的信息载体；传统媒体举步维艰，日见衰落；“自媒体”勃兴，“全民记者”时代来临。

针对网络传播技术引发的信息传播新态势、新问题，我们党因势而谋、应势而动、顺势而为，在进入新世纪之后尤其是中共十七大以来，提出了不少创新观点，不断推进马克思主义新闻观的时代化。新闻宣传领域的这些创新观点，主要集中于胡锦涛 2008 年 6 月 20 日考察人民日报社时发表的讲话和习近平 2013 年 8 月 19 日在全国宣传思想工作会议上的讲话。

1. *互联网已成为思想文化信息的集散地和社会舆论的放大器*

互联网技术 1969 年诞生于美国。我国 1994 年接入国际互联网，次年向全社会开放使用。中国互联网络信息中心（CNNIC）发布的第 37 次《中国互联网络发展状况统计报告》显示：截至 2015 年 12 月，我国网民总数达 6.88 亿，互联网普及率为 50.3%。互联网在我国发展之迅猛、规模之庞大，由此可见一斑。在我国，互联网已经成为各种信息的汇聚、发散之所。更重要的是，它已成为我国网民自发爆料和集结舆论的平台。某些热点焦点事件或突发事

① 胡锦涛：《在人民日报社考察工作时的讲话》，《人民日报》2008 年 6 月 21 日；李长春：《在纪念中国共产党成立 90 周年理论研讨会上的讲话》，《人民日报》2011 年 7 月 6 日。

件一旦由网络曝光，即刻引爆全国舆论，成为全民“围观”的公共事件。网民利用互联网“所有人对所有人传播”的优势，集聚和扩散信息与意见，甚至发酵情感，诱发行动，影响社会。胡锦涛考察人民日报社时就指出，互联网已成为“思想文化信息的集散地和社会舆论的放大器”。这一论断，显示了我们党对网络新兴媒体特性的准确体认，是我们发展、管理网络媒体的理论依据。

2. 传统主流媒体与新兴媒体并举融合，形成舆论引导新格局

在我国，网络新兴媒体高歌猛进，报刊、广电等传统主流媒体的传播力、影响力减弱已是不争的事实。因此，胡锦涛指出要从社会舆论多层次的实际出发，把握媒体分众化、对象化的新趋势，加强主流媒体和新兴媒体建设，以党报党刊、电台电视台为主，整合都市类媒体、网络媒体等多种宣传资源，构建“定位明确、特色鲜明、功能互补、覆盖广泛”的舆论引导新格局。战略重点是发展主流媒体，同时也要高度重视互联网的建设、运用、管理，努力使互联网成为“传播社会主义先进文化的前沿阵地、提供公共文化服务的有效平台、促进人们精神生活健康发展的广阔空间”。

媒体能够引导社会舆论的前提是拥有强大的传播力，没有传播力或传播力弱小，引导舆论就无从谈起。在网络传播时代，排斥网络传播技术，无视网络新兴媒体，实力再雄厚的传统媒体也不可能具有强大的传播力。有鉴于此，中共十八届三中全会决议，要整合我国的新闻媒体资源，推动传统媒体和新兴媒体融合发展。2014 年 8 月 18 日，中央全面深化改革领导小组召开第四次会议，通过《关于推动传统媒体和新兴媒体融合发展的指导意见》，确保我国的媒体融合沿着正确的方向发展。习近平总书记在会上强调：“推动传统媒体和新兴媒体融合发展，要遵循新闻传播规律和新兴媒体发展规律，强化互联网思维，坚持传统媒体和新兴媒体优

势互补、一体发展，坚持先进技术为支撑、内容建设为根本，推动传统媒体和新兴媒体在内容、渠道、平台、经营、管理等方面的深度融合，着力打造一批形态多样、手段先进、具有竞争力的新型主流媒体，建设几家拥有强大实力和传播力、公信力、影响力的新型媒体集团，形成立体多样、融合发展的现代传媒体系。”①强化互联网思维，推动传统媒体和新兴媒体融合发展，形成现代传媒体系，这既是我们党在网络传播时代的理论创见，也是发展新闻传播业、巩固宣传思想文化阵地、壮大主流思想舆论而作出的重大战略部署。

3. 掌握新闻宣传工作主动权，增强舆论引导针对性和实效性

处于意识形态领域前沿的新闻舆论界，尤其存在着不强即弱、我退人进的竞争局面。因此，胡锦涛要求我们的新闻宣传工作要唱响主旋律，打好主动仗，掌握主动权，在推动经济发展、引导人民思想、培育社会风尚、促进社会和谐等方面发挥重要作用。新闻宣传工作要创新观念、创新内容、创新形式、创新方法、创新手段，体现时代性、把握规律性、富于创造性，不断提高舆论引导的权威性、公信力与影响力。同时，应深入研究新闻传播现状和趋势、各类受众群体的心理特点和接受习惯，加强舆情分析，主动设置议题，善于因势利导，增强舆论引导的针对性和实效性。习近平也指出，我们的宣传思想工作必须增强主动性、掌握主动权、打好主动仗，壮大主流思想舆论，弘扬主旋律，传播正能量，关键在于提高宣传思想工作的质量和水平，把握好时、度、效，增强吸引力和感召力②。

---

① 《共同为改革想招一起为改革发力 群策群力把各项改革工作抓到位》，《人民日报》2014 年 8 月 19 日。

② 胡锦涛：《在人民日报社考察工作时的讲话》，《人民日报》2008 年 6 月 21 日；《习近平在全国宣传思想工作会议上强调：胸怀大局把握大势着眼大事，努力把宣传思想工作做得更好》，《人民日报》2013 年 8 月 21 日。

4. 拆除"精神之墙"，融通"两个舆论场"

舆论场是舆论形成和传播的场域。"两个舆论场"的概念由新华社原总编辑南振中在2003年正式提出。他经过研究发现，在我国客观存在着两个"舆论场"：一个是主流媒体着力营造的"媒体舆论场"；一个是人民群众议论纷纷的"口头舆论场"。两个舆论场重叠的部分越大，主流媒体引导社会舆论的针对性和实效性就越大，吸引力和感染力就越强，反之则越小越差。南振中承认，现实中国的两个舆论场并不完全重叠，在某些问题上甚至互不衔接、互不交融[①]。

随着网络媒体尤其是"自媒体"的兴起，我国两个舆论场——党和国家主流媒体组成的"官方舆论场"与互联网构成的"民间舆论场"并存、各说各话的现象更加明显，南振中的观点得到了新闻传播业界、学界的广泛认同和新闻宣传部门的重视。体制内和民间需双向拆除"精神之墙"，使"两个舆论场"交融贯通[②]，也成为更多有识之士的共识。

## 三、马克思主义新闻观的大众化

马克思主义本质上是人民大众的理论，是为劳苦大众求解放、谋幸福的思想指南。马克思自己说过，理论一经掌握群众，也会变成物质力量[③]。如何让普罗大众掌握马克思主义的科学理论并自觉转化为"物质力量"？这就需要将马克思主义大众化，即把马克思主义的基本原理、基本观点通俗化、具体化，使之更好地为人民群众所理解、接受和应用[④]。作为信息载体和宣传工具的新闻媒

---

① 南振中：《把密切联系群众作为改进新闻报道的着力点》，《中国记者》2003年第3期。

② 祝华新：《"两个舆论场"的由来和融通之道》，《南方传媒研究》2012年第38期。

③ 《马克思恩格斯选集》第1卷，人民出版社1995年第2版，第9页。

④ 刘云山：《把建设马克思主义学习型政党作为重大而紧迫的战略任务抓紧抓好》，《人民日报》2009年10月15日。

体，在理论与大众之间架起了最佳沟通桥梁。把深邃的理论用平实质朴的语言讲清楚，把深刻的道理用群众喜闻乐见的方式说明白，是马克思主义新闻观大众化的必然要求。

以新闻宣传工作为重要工作部门、以“群众路线”为根本工作路线的中国共产党，实现马克思主义新闻观的大众化当然是题中应有之义。早在新民主主义革命时期，我们党就提出“群众办报”思想，并把“群众性”列为党报的四大品质之一，倡导把马克思主义与中国具体实际相结合，建设中华民族的新文化——民族的、科学的、大众的文化[①]。改革开放以来特别是进入新世纪以来，我们党相继提出“三贴近”“走转改”“以人为本”等新闻工作原则、方法、作风，不断推进着马克思主义新闻观的大众化。

1. “三贴近”

“三贴近”即“贴近实际、贴近生活、贴近群众”的新闻工作原则，是中共中央政治局在 2003 年 3 月 28 日发布的《关于进一步改进会议和领导同志活动新闻报道的意见》中明确提出的：“新闻单位要坚持正确的舆论导向，大力宣传党的理论路线方针政策，多报道对工作有指导意义、群众关心的内容，力求准确、鲜明、生动，努力使新闻报道贴近实际、贴近群众、贴近生活，更好地为人民服务、为社会主义服务、为党和国家工作大局服务。”[②]随后，李长春撰文对“三贴近”的内涵进行了系统阐释，其中“贴近群众”是指我们的新闻宣传工作要以群众满意不满意、高兴不高兴、赞成不赞成、答应不答应作为根本出发点和落脚点，“想群众之所想，急群众之所急，盼群众之所盼，充分体现群众意愿，满足群众需求，把握群众脉

① 《毛泽东选集》第 2 卷，人民出版社 1991 年第 2 版，第 706—709 页。

② 《中共中央政治局召开会议 研究进一步改进会议和领导同志活动新闻报道等工作》，《人民日报》2003 年 3 月 29 日。

搏，说群众想说的话，讲群众能懂的话，为群众提供想看爱看、健康向上的精神文化产品，更好地代表最广大人民群众的根本利益”①。

“三贴近”原则贯穿着马克思主义的群众观点，是新世纪、新阶段、新形势下我们党的群众路线在新闻宣传领域的新要求。我们要根据人民群众的需要和心态，讲清实现中国梦的意义，向国内外民众讲好中国故事，不断夺取全球报道的话语权。

2. “走转改”

为推动新闻工作者切实将马克思主义的群众观点、我们党的群众路线体现在新闻宣传实践中，中宣部、中央外宣办、国家广电总局、新闻出版总署、中国记协等五部门于 2011 年 8 月联合发起在全国新闻战线开展“走基层、转作风、改文风”（简称“走转改”）活动。“走转改”既是新闻工作的作风要求，也是一种新闻理念，是党的为人民服务新闻工作理念与作风在新形势下的体现。新闻工作者只有走基层、转作风、改文风，才能真正了解人民群众的诉求，摆正自己的角色定位，写出人民群众喜闻乐见的新闻报道作品。这三者之间相辅相成，互为因果：走基层是前提，只有走基层才能转变作风；转作风是根本，因为作风决定着文风；改文风是关键，要想改进文风必须深入基层。刘云山指出，贯彻党的群众路线，必须要回答解决好“为了谁”“依靠谁”“我是谁”②。走基层、转作风、改文风，可以说是在新闻宣传领域对应回答了“依靠谁”“我是谁”“为了谁”这三个相互关联的基本问题。

3. “以人为本”

“以人为本”是科学发展观的核心，当然也是我们新闻宣传工

① 李长春：《从“三贴近”入手改进和加强宣传思想工作》，《求是》2003 年第 10 期。
② 刘云山：《为了谁 依靠谁 我是谁——关于贯彻党的群众路线的几点思考》，《求是》2011 年第 16 期。

作的根本原则和要求。2004 年 9 月中共中央《关于加强党的执政能力建设的决定》指出，我们发展文化的目的，就在于“满足人民群众精神文化需求和促进人的全面发展”。2008 年 6 月胡锦涛考察人民日报社时又强调，我们的新闻宣传工作必须坚持以人为本，增强新闻报道的亲和力、吸引力、感染力。要坚持把实现好、维护好、发展好最广大人民的根本利益作为新闻宣传工作的出发点和落脚点，尊重人民主体地位，发挥人民首创精神，保证人民的知情权、参与权、表达权、监督权。“以人为本”新闻理念继承和发展了马克思的“人民报刊”思想，是马克思主义新闻观大众化的理论成果。

马克思主义的中国化、时代化、大众化，是一个有机统一、相互促进的历史进程。中国是历史维度上的中国，人民是国家的主人。中国实际、时代特征、人民利益“三位一体”，彼此相连，不可分割。“马克思主义中国化的过程，既是马克思主义基本原理同中国具体实际相结合的过程，也是马克思主义基本原理同时代特征、时代主题、时代精神相结合的过程。从这个意义上说，马克思主义时代化是马克思主义中国化的必要途径。”①具体到马克思主义新闻观也是如此。马克思主义新闻观中国化、时代化、大众化的上述成果，结合了中国实际，反映了时代特征，体现了人民利益，构成既坚持马克思主义基本新闻观点又具有中国特色的新闻思想理论体系。

马克思主义新闻观中国化、时代化、大众化的理论成果，是对

---

① 韩振峰：《为什么要推进马克思主义中国化时代化大众化》，《人民日报》2010 年 8 月 16 日。

我们新闻传播实践的学理概括。这些理论源自实践，反过来也需要实践的验证。我们要经过实践的检验，规范概念，凝练内涵，修正偏差，使之更加严谨和科学。

在马克思主义新闻观中国化、时代化、大众化进程中，我们既要继承、恪守马克思主义新闻思想的基本内核，也要珍视中国的优秀传统文化资源。“中华文化积淀着中华民族最深沉的精神追求，包含着中华民族最根本的精神基因，代表着中华民族独特的精神标识，是中华民族生生不息、发展壮大的丰厚滋养。”[①]因此，我们要从中国优秀传统文化中汲取营养，融合中华民族的价值取向和思维方式，“使马克思主义具有中华文化的特质，打上中华文化的烙印”[②]。2013 年 8 月，习近平在全国宣传思想工作会议上就指出：中华优秀传统文化是中华民族的突出优势，是我们最深厚的文化软实力；在全面对外开放的条件下做宣传思想工作，要讲清楚中国特色社会主义植根于中华文化沃土、反映中国人民意愿、适应中国和时代发展进步要求，有着深厚历史渊源和广泛现实基础。“对我国传统文化，对国外的东西，要坚持古为今用、洋为中用，去粗取精、去伪存真，经过科学的扬弃后使之为我所用。”[③]2013 年 12 月 30 日，习近平在主持中共中央政治局第十二次集体学习时又强调：“要使中华民族最基本的文化基因与当代文化相适应、与现代社会相协调，以人们喜闻乐见、具有广泛参与性的方式推广开来，把跨越时空、跨越国度、富有永恒魅力、具有当代价值的文化精神弘扬

---

① 中共中央宣传部编：《习近平总书记系列重要讲话读本》，学习出版社、人民出版社 2014 年版，第 100 页。

② 中共中央宣传部理论局编写：《划清“四个重大界限”学习读本》，学习出版社 2010 年版，第 13 页。

③ 《胸怀大局把握大势着眼大事 努力把宣传思想工作做得更好》，《人民日报》2013 年 8 月 21 日。

起来，把继承传统优秀文化又弘扬时代精神、立足本国又面向世界的当代中国文化创新成果传播出去。”①

正如胡锦涛在庆祝中国共产党成立90周年大会上的讲话所言，解放思想、实事求是、与时俱进，是我们党推进包括新闻理论在内的马克思主义中国化、时代化、大众化的精神动力。当今世情、国情、党情在不断变化，新闻舆论格局、信息传播技术、新闻传播实践也日新月异，变动不居。我们决不可拘泥成见，应大胆进行理论创新，解释新闻传播领域出现的新现象，回应新闻宣传工作面临的新问题，为新闻传播实践提供新的思想资源，不断推进马克思主义新闻观的中国化、时代化、大众化。

---

① 《建设社会主义文化强国 着力提高国家文化软实力》，《新华每日电讯》2014年1月1日。

# 后　记

《马克思主义新闻观读本》撰写、修改和编辑工作行将结束的时候，一股热流涌上心头。

首先想到已调到国家网宣办任副主任的徐麟部长。他在上海任市委常委、宣传部长时兼任复旦大学新闻学院共建院务委员会主任，对编写《马克思主义新闻观读本》十分支持和关心。去年年底我和团队成员晚上去国家网宣办参观学习，时近九点，徐部长刚主持完交班会就接待我们，还问起这本书的编撰情况。对这本书始终关心的另一位领导是上海市宣传部副部长朱咏雷，他也多次问起这本书的进展情况。

新闻学院院长尹明华始终关心并催促本书编写，一再强调要写得简洁和简短，还关心出版社的选择。院党委书记周桂发也一直记挂此事，并从经费上给予支持。

其次，要感谢我的马克思主义新闻观教学与科研团队。现在大家都忙，但每个人还是抓紧这本书的讨论、撰稿、修改。这本书的分工大致是：由我提供编写计划，大家认领，分头写作，再根据我阅看后的意见建议修改。稿件集中之后，我利用此次寒假，从年初二就躲到青浦逐章修改定稿。当然，这里还必须提一下我老伴。大家知道，我电脑技术是不行的。全部修改文稿，全由老伴——林涵教授，一位 73 岁的老人，帮我完成的。

各章的写作分工是——

一、二两章：童　兵教授

三、五两章：张涛甫教授

四、七两章：林溪声副教授

六、八两章：马　凌副教授

九、十两章：陈建云教授

团队的另两位成员，徐佳副教授同我一起赴京走访国家网宣办、中宣部新闻局、新闻出版广电总局、全国记协，征求意见和落实培训工作，她还协助我管理经费。高敬文在电脑技术保障上给团队成员提供了很多支持和帮助。

作为主编，借用本书后记一角，向上述各位领导和同事表达我衷心的感谢。

童　兵

2016 年 3 月 3 日于复旦大学新闻学院

**图书在版编目(CIP)数据**

马克思主义新闻观读本/童兵主编. —上海：复旦大学出版社,2016. 4(2024. 1 重印)
ISBN 978-7-309-12213-8

Ⅰ. 马…　Ⅱ. 童…　Ⅲ. 马克思主义-新闻学-研究　Ⅳ. A811. 67

中国版本图书馆 CIP 数据核字(2016)第 061444 号

**马克思主义新闻观读本**
童　兵　主编
责任编辑/章永宏　朱安奇

复旦大学出版社有限公司出版发行
上海市国权路 579 号　邮编：200433
网址：fupnet@fudanpress. com　http://www. fudanpress. com
门市零售：86-21-65102580　团体订购：86-21-65104505
出版部电话：86-21-65642845
常熟市华顺印刷有限公司

开本 787 毫米×960 毫米　1/16　印张 12. 5　字数 138 千字
2024 年 1 月第 1 版第 9 次印刷

ISBN 978-7-309-12213-8/A · 31
定价：42. 00 元